周禮疏

〔唐〕賈公彥 撰

韓 悅 解題

圖版 四

本冊目録

京都大學附屬圖書館藏舊鈔本周禮疏

周禮疏卷第三十二

唐朝散大夫行大學博士弘文館學士臣賈公彥等撰

王之至皆疏　注木車至備焉　釋曰云木車不漆者喪中無飾後至禫乃漆之此明木車及下素車等皆未漆也若然上王之木路鄭注云不革鞔漆之而已彼亦稱木而有漆者彼此各有所對上文木路對革路有革又有漆則木路漆之而已據吉時言耳此木路對禫始有漆明此木路不漆飾指木體而言也先鄭云謂羸蘭車者此舉漢時有羸長蘭車不善之車故舉以説之也云犬複以犬皮為覆笭者古者男

子之乘須憑軾〻上須皮覆之故云犬䄏子春讀揩
為沙於義無所取故不從也玄謂蔽車旁御風塵者
上文重翟厭翟之等為蔽皆是禦風塵故知此蔽亦
是禦風塵也云犬白犬皮者以喪無飾明用犬之白
者是以士喪記主人乘惡車白狗幦是也云既以皮
為覆笭又以其尾為戈之弢者以經云犬䄏尾櫜明
䄏與櫜共用犬櫜則弢也云麤布飾二物之側為之
緣者案喪服齊衰已下皆稱疏礼之通例凡言疏布
者皆據大功布而言若然此則以八升布為二物之
緣也云若攝服者案既夕記云貳車白狗攝服注云

攝猶緣也狗皮緣服差飾引之者證此二物為緣之事也小菔刀劒短兵之衣者此小菔即既夕記云主人乘惡車白狗幦蒲蔽犬服鄭彼注云笭閒兵服以犬皮為之是也云此始遭喪所乘者此喪車五乘貴賤皆同乘之是以士喪礼主人乘惡車鄭注引雜記曰端衰喪車皆無等然則此惡車王喪之木車也是其尊卑同也云為君之道尚微備姦臣也者案士喪有犬服則此小服亦是其常今言為君之道尚微備姦臣者此言非為小兵服以弋戟人君乃有之然則備姦臣為尾櫜弋戟而言也引書曰者顧命文彼以

成王崩子釗康王也康王常在尸所以為適子故使
康王出鄉門外以虎賁百人更以太子之礼迎之別
於庶子必用虎賁備姦臣引之者證人君有弋戟亦
是備姦臣　素車至容素　注素車至弋戟　釋曰
鄭知素車以白土堊者以上有木車下有漆車中駹
藻素三者非漆非木容以所飾為名明素是白土飾
之也爾雅釋宮云地謂之黝牆謂之堊堊謂以白土
為飾則此素車亦白土為飾可知云棼讀為薠薠麻
者棼字非所以飾物之事故破棼為薠義取用麻為
蔽之意云其顛服以素繒為緣者礼之通例素有二

釋其義有色飾者以素爲白土義有以繪爲飾者即
以素爲繪故鄭釋二素以白繪別釋之也云此卒哭
所乘者案士虞礼卒哭丈夫說經帶于廟門外婦人
說首經不說帶是卒哭變服變服即易車案喪服大
功章注云凡天子諸侯卿大夫既虞士卒哭而受服
此鄭云卒哭據士而言也云爲君之道益著在車可
以去戈戟者以經不云尾橐明去戈戟故爲此解也
藻車至革飾　注故書至所乘　釋曰後鄭云藻
水草蒼色者就足子春藻爲華藻也鄭爲蒼色者上文素
車爲白色下文駹車邊側有漆差之此當蒼色且藻

之永草見爲蒼艾色也云鹿淺䄙以鹿夏皮爲覆笭
者夏時鹿毛新生爲淺毛故鄭云鹿夏皮爲覆笭也
云又以所治去毛者緣之者以經云革飾皮去毛曰
革故以去毛言之云此既練所乘者王喪十三月練
是變除之節故知此即既練所乘也　駹車至髤飾
注故書至所乘　釋曰故書駹作龍上文龍勒後
鄭以破龍爲白黑之色故此注從子春爲駹髤爲軟
於義無所取故不從子春以軟爲桼亦不從也後鄭
知駹爲邊側之飾者以下文漆車全有漆則此時未
全爲漆故知駹是邊側少有漆也云漆則成藩者下

文藩蔽者因此舊蔽而漆之則藩者以此爲李故云漆則成藩也云然果然也者果然獸名是以賈氏亦云然獸名也云髹赤多黑少之色韋也知色如此者業下注雀黑多赤少故知此髹是赤多黑少者也云此大祥所乘者以二十五月大祥除服之節故知此車是大祥所乘也

漆車至雀飾

注漆車至所乘

釋曰知漆是黑者凡漆不言色者皆黑且大夫所乘黑車及篆縵之飾直得黑名是凡車皆黑漆也鄭知漆席以爲之者以其席即上文雀上注云漆即成藩是也云豻胡犬者謂胡地之野犬或作狐字者謂

狐與犬合所生之犬也云雀黑多赤少之色韋也者鄭以目驗雀頭黑多赤少雀即緅也此禫所乘者以二十七月釋祥之節素縞麻衣而服禫服朝服綅冠故知當禫所乘也案下文大夫乘墨車士乘棧車皆吉時所乘之車既言天子至士喪車五乘尊卑等則大夫士禫亦得乘漆車所以大夫士禫即乘漆車與吉同者禮窮則同也　服車至役車　注服車至共役　釋曰云服車服事者之車者其孤卿以下皆是輔佐之臣服事於上故以服事之車解之也先鄭云夏赤也緣〻色後鄭不從者夏翟是采五采備乃為

夏而以夏為赤而從古書篆為色於義不可故後鄭
解之以夏為五采也云或曰夏篆〻讀為圭瑑之瑑
者以篆為轂約後鄭從之云夏縵亦五采畫無瑑爾
者言縵者亦如縵帛無文章故云無瑑也以其篆為
轂約則言縵者無約也云墨車不畫也者言墨漆革
車而已故知不畫也棧車不革鞔而漆之者此則冬
官棧車欲弇恐有坼壞是不革鞔者也此已上尋常
所乘若親迎則士有攝盛故士昏礼主人乘墨車婦
車亦如之有裧為異耳王后別見車五乘此卿孤已
下不見婦人車者婦人與夫同故昏礼云婦車亦如

之但大夫以上尊則尊矣親迎不假攝盛轉乘上車也知士車有漆飾者案昏傳云古之帝王必有命民於其君得命然後得乘飾車駢馬衣文駢錦注云飾漆之駢併也是其事云役車方箱可載任器以共役者庶人以力役為事故名車為役車知方箱者案冬官乘車田車橫廣前後短大車柏車羊車皆方故知庶人役車亦方箱是以唐傳云庶人木車單馬衣布帛此役車亦名棧車以其同無革鞔故也是以何草不黃詩云有棧之車行彼周道注云棧車役車是也

凡良至無常　釋曰云凡有以其衆多故也此良民

車散車二者皆不在於服車五乘之等列作之有精麤故有良散之名　注給遊燕至有沽　釋曰云給遊燕及恩惠之賜者君臣遊燕歡樂或有賜言及恩惠之賜雖非遊燕君於臣有恩好而惠及之者亦有賜此釋經其用無常云不在等者謂若今輜車後戶之屬者漢時輜車與古者從軍所載輜重財貨之車皆車後開戶故舉以說之云作之有功有沽者釋經良車散車精作爲功則曰良麤作爲沽則曰散也　凡車至會之　釋曰車之出謂出給官用車之入謂用罷歸官於當時錄爲簿帳至歲終則總會計完敗多

少以入計會也　凡賜闕之　注完敗不計　釋曰
以其賜人以後完敗隨彼受賜之人在官不復須知
故闕之不計會　毀折至職幣　注計所至之直
釋曰謂乘官車者毀損有折壞其車不堪乘用者或
全輸價直入官或計所損處酬其價直入官𧶠入其
資﹕即貨物也以此貨物入於職幣職幣主受給官
物所用之餘此之財物亦授之職幣既得此物還與
冬官繕治之故鄭云以償繕治之直也　大喪至行
之　釋曰大喪謂王喪遣車謂將葬遣送之車入壙
者也言飾者還以金象革飾之如生存之車但麤小

爲之耳　注廞興至鸞車　釋曰後鄭訓廞爲興即言謂陳駕之者解廞爲陳駕也案下車僕云大喪廞革車彼廞謂作之此文既言飾遣車已是作更言遂廞之故以陳駕解廞也云行之使人以次舉之以如墓也者案檀弓云諸侯大牢苞七个遣車七乘大夫亦大牢苞五个遣車五乘鄭注云諸侯不以命數喪數略天子當大牢苞九个遣車九乘此時當在朝廟之時於始祖廟陳器之明旦大遣奠之後則使人以次抗舉人各執其一以如墓也云遣車一曰鸞車者案冢人云及葬言鸞車象人是名遣車爲鸞車以其

遣車亦有鸞鈴故也　及葬至持旌　釋曰及葬者謂至葬時將向壙云執蓋從車者謂此巾車之官執蓋以隨柩車之後云持旌者亦使巾車之官執持銘旌此在柩車之前而文在下者以執蓋是巾車因言持旌耳非謂持旌亦從車也以車銘旌表柩象殯時在柩前是以既夕礼云祝取銘置于茵注云以重不藏故於此移銘加於茵上若然茵既行時在柩車前明銘旌亦與茵同在柩車前可知也　注從車至銘旌　釋曰云從車隨柩路者鄭欲以經車爲蜃車柩路解之云今蜃車無　執而隨之象生時有也者蓋

所以表尊亦執而隨之所以禦雨今蜃車既設帷荒
不得設蓋是以執而隨柩車雖無用但象生時有也
云所執者銘旌者將葬之旌士有二旌大夫已上皆
有三旌知者以既夕禮是士礼而有乘車所建旃是
攝盛故用孤卿所建通帛之旃也又有銘旌以其士
無遣車故無廞旌也大夫以上有乘車所建旌卿已
上尊矣無攝盛以尋常所建旌主則大常孤卿建旃
大夫亦應攝盛用旃是一也又有廞旌又有銘旌也
及墓至陳車　注闕墓至東上　釋曰鄭知東是
遣車者以其遣車在明器之中案既夕陳明器在道

東西面此不言明器而別陳車是貳車可知天子貳車象生時當十二乘也士喪禮下篇曰若是既夕禮也而言士喪禮下篇者以其士喪禮論初死并在殯之事既夕禮論葬時事既夕之下周有一記記士喪及既夕不備之事揔為一記故鄭以既夕連士喪而言下篇也此所引者引記彼云車至道左北面立東上者士無貳車惟據乘車道車稾車三乘此王禮亦有此三乘車於後別有貳車十二乘若然則此車非止二車而已鄭直云貳車者舉其士喪禮不見者而言耳　小喪至其飾注柩路至飾也　釋曰言小喪

者上言大喪據王不別言后與世子則此小喪中可
以兼之鄭云柩路載柩車也者即蜃車也云飾棺飾
也者即帷荒柳翣池紐之屬皆是棺之飾　歲時至
弊車　注故書至用之　釋曰言歲時更續者謂一
歲四時皆有受官車更謂車雖未破日月已久舊盡
者更易以新者續謂雖未經久其有破壞不中用者
後以新車續之云共其弊車者此言為二者而設以
其既易續以新車其本或舊或壞皆是弊車巾車受
取以共冬官車人耳子春以為更續謂更受新若然
則更續共為一事不當經言故後鄭不從也云共其

弊車歸其故弊車者此言亦不從也後鄭以爲俱受
新者謂更與續二者於彼用車之人俱受其新車也
云更易其舊者釋更也云續〻其不任用者别釋續
也云共於車人者此巾車不專主車人所造大車柏
車而已兼主輈人輿人所造乘車兵車而云共車人
者則車人謂造車之人兼輪人輿人等造車人也
大祭至雞人　注雞人至爲鈴　釋曰云雞人主呼
旦雞人職文案韓詩詩云升車則馬動馬動則鸞鳴鸞
鳴則和應是車有和鸞相應之象故鳴鈴以應雞人
典路至用說　釋曰上巾車已主王后之五路今

此又掌之者以其冬官造得車訖以授巾車飾以玉金象之等其王及后所乘者又入典路別掌之　注用謂至宜用　釋曰此經雖不言所用之處典路所掌還依巾車朝祀所用故鄭依巾車而言也先鄭所引春秋者在左氏傳宣十二年楚與晉戰於邲之事云用謂所宜用者還是朝祀之等也　若有至駕訖注出路至馬也　釋曰案上巾車玉路以祀此云若有大祭祀則出路鄭云王當乘之惟出玉路也案下文大喪大賓客亦如之注云亦出路當陳之不言王乘之者以此惟云大祭祀則出路據王所乘之亦

當陳之為華国下注云當陳之謂陳之以華國亦有
當乘之法但大賓客王乘金路也其大喪則無乘吉
時路故注爲陳之而說也知贊僕與趣馬者夏官大
馭戎僕齊僕之等及趣馬之官主駕說故知所贊駕
說者贊僕與趣馬也
之　大喪至如之　注亦出至如
釋曰先鄭引顧命云康王既陳先王寶器者案
彼上文云陳宝及列玉五重大訓之等乃陳車乘故
云既陳先王宝器云又曰大路在賓階面注云大路
玉路云贅路在阼階面注云贅次〻在玉路後謂玉
路之貳也云先路在左塾之前注云先路象路門側

之堂謂之塾謂在路門内之西　北面與玉路相對也
云次路在右塾之前注云象路之貳與玉路之貳相
對在門内之東北面云漢朝上計律陳屬車於庭者
漢朝集使上計律法謂上計會之法禮記射義注亦
謂之計然大祭祀亦陳車乘但古典無陳列之事故
不引之也　凡會至路從　注王出至華国　釋曰
鄭云王出於事無常王乘一路典路以其餘路從行
者案經會同軍旅及吊有三事則是衣裳之會及吊
王乘金路兵車之會及軍旅王乘革路是王出於事
無常也王雖乘一路典路以其餘路皆從惟玉路祭

祀之車尊不出其餘皆出以華國也　車僕至之萃

注萃猶至為萃　釋曰云此五者皆兵車者以其

廣闕之等皆在軍所用故知皆兵車云所謂五戎也

者凡言所謂者謂他成文檢諸文不見更有五兵車

為五戎之文惟有月令季秋云以習五戎鄭彼注以

五戎為弓矢殳矛戈戟不為五兵車解之則未知鄭

所謂五戎者所謂何文或可鄭解彼五戎或為此五

兵解之以五戎之事無正文故鄭兩解之也云戎路

王在軍所乘也者此言戎路則巾車所云革路即戎

路故知戎路是王在軍所乘也若然此車僕惟掌五

戎之萃其五戎之正不言所掌者巾車雖掌五戎之
一其下四戎之正亦巾車掌之矣其廣車闕車苹輕
四者所解無正文皆鄭據字以意釋之也云春秋傳
者是莊九年齊魯戰於乾時我師敗績公喪戎路傳
乘而歸又曰下是宣十二年楚與晉戰於邲楚子爲
乘廣三十乘分爲左右〻廣雞鳴而駕日中而說左
則受之日入而說楚子使潘黨齊(率)游闕四十乘從唐
侯爲左拒欒武子曰楚其君之戎分爲二廣是也云
則諸侯戎路廣車也者以時楚雖僭號其兵車仍號
爲廣故知餘諸侯兵車並以廣車爲之避天子不得

以戎路也云又曰帥游闕四十乘者即是清黨所帥者也云孫子八陳有革車之陳者是孫子兵法有此言也云又曰馳車千乘者亦是兵書之言引之以證廣闕革輕為兵車之義也云五者之制及革數未盡聞也者言未盡聞則亦有聞者其游闕四十乘及馳車千乘并戎車三百兩等略得少聞之其餘未聞故云未盡聞也書曰者是牧誓武王伐紂戰於牧野之事也　凡師至其萃　注五戎至无焉　釋曰知戎惟共其一者案巾車王所乘惟革路而已即此上文戎路是也是王惟乘一路耳今此經不云革路惣云

共革車則革車之言所含者多五戎皆是則王雖乘
一路四路皆從是優尊所乘也云而萃各從其元者
元即五戎車之下皆云之萃明萃皆從其元可知
會同亦如之　注巡守至備也　釋曰鄭知巡守及
兵車之會王乘戎路者以戎僕云掌馭戎車凡巡守
及兵車之會亦如之云乘車之會王雖乘金路猶共
以從不失備也者上經凡師揔云共革車此文亦云
共明無閑巡守乘車之會皆從以不失備故也　大
喪廞革車　注言興至有焉　釋曰經不云戎路革
路而云革車亦是五戎之揔名故知不從戎路廣闕

闕革輅皆有可知若然王喪遣車九乘降此五乘之
外加以金玉象木四者則九乘矣　大射共三乏
注鄭司農至之乏　釋曰乏一名容則射人云三獲
三容是也以其爲革車用皮其乏亦用皮故因使爲
之若然直云大射共乏至於賓射之等則亦使共乏
矣舉大射尊者而言先鄭讀乏爲匱乏之乏者以其
矢於侯匱乏不去故讀從之　司常至爲旌　注物
名至用絳　釋曰鄭云所畫異物則異名也者案九
旂之中有旃物旌旞之等不畫異物而鄭所揔云畫
異物者鄭據名者而揔言之非謂九旂皆畫異物也

云屬謂徽識也者謂在朝在軍所用小旌故以屬言之鄭引大傳者欲見此屬與大傳徽識爲一物則詩所云識文鳥章亦一物引今漢法欲見古有此物遺及漢時也云通帛謂大赤者巾車及明堂位皆明大赤也云從周正色無飾者以周建子物萌色赤今旌旆通體畫用絳之赤帛是用周之正色無他物之飾也云雜帛者以帛素飾其側白殷之正色者殷以建丑爲正物牙色白今用帛素飾其側者明以先王正道佐職故兼用白雜之也云全羽析羽皆五采繫之於旞旌之上者案序官夏采注云夏采夏翟羽色禹

貢徐州貢夏翟之羽有虞氏以爲綏後世或無故染鳥羽象而用之謂之夏采若然冬官鍾氏染鳥羽是周法染鳥羽爲五色故鄭云皆五采羽繫之於旞旌之上云所謂注旄於干首也者言所謂者謂爾雅之文也若然則此旞旌非直有羽亦有旄故鄭引爾雅注旄以證旞旌明其兩有是以干旄詩云孑孑干旄孑孑干旟鄭彼注云周礼孤卿建旜大夫建物首皆有之此雖據旞旌旄羽並有至於大常已下首皆有旄羽故衛之臣子雖旜物而有旄羽則大常已下皆有明矣故夏采云乘車建綏復於四郊注綏以旄牛

尾爲之綴於橦上王祀四郊乘玉路建大常今以之
復去其旒異之於生是其旌首皆有旄之驗也云九
旗之帛皆用絳者以周尚赤故爾雅云纁帛縿也案
全羽析羽直有羽而無帛而鄭云九旗之帛者據衆
有者而言或解以爲旞旌之下亦有旄旒而用絳帛
也其旌之下旆似不用絳故爾雅云緇廣充幅長尋
曰旐繼旐曰旆詩云白旆央旆即左氏定四年傳云
分康叔以少帛綪茷旃旌是旌旆色異也爾雅别云
素錦綢杠素陞龍練旒九彼施於喪葬之旂也　及
國至載旌　釋曰案大司馬仲春教振旅仲夏教茇

舍仲秋教治兵仲冬教大閱々々　謂仲冬無事大簡
閱軍礼司常主旗物故賛司馬頒旗物也此九旗發
者雖惣為大閱而言其道車載旞斿車載旌非為軍
事也　注仲冬至不出　釋曰案大司馬云主四時
軍法故云司馬主其礼也云自王以下治民者旗畫
成物之象者謂自王以下至諸侯并鄉遂之官是也
云王畫日月象天明也者聖人　與日月齊其明故旌
旗畫日月象之案桓二年臧哀伯云三辰旂旗昭其
明也三辰日月星則此大常之畫日月者也此直言
日月不言星者此舉日月其實兼有星也　云諸侯畫

交龍一象升直言日月不言星者此舉日月其實兼
有星也云諸侯畫交龍一象升朝一象下復也者以
衣服不言交龍直云袞龍則衣服直有升龍無降龍
以其天子之衣無日月星直有龍々有升龍降龍則
諸侯不得與天子同故直有升龍也至於天子旌旂
有日月星辰故諸侯旌旂無日月星故龍有升降也
象升朝天子象下復還國也云孤卿不畫者謂不畫
異物帛而已云言奉王之政教而已者以其直有時
奉政教故云奉王之政教而已云大夫士雜帛者謂
中央赤旁邊白々是先王殷之正色而在旁故云以

先王正道佐職也云師都六鄉六遂大夫也謂之師都都民之所聚也者以師衆也都聚也主鄉遂民衆所聚故謂之師都也六鄉大夫皆鄉六遂大夫皆大夫也鄉合建旃大夫合建物今揔建旗從其須衆在軍爲將故同建熊虎之旗故鄭云畫熊虎者鄉遂出軍賦象其守猛莫敢犯也云州里縣鄙鄉遂之官者州是鄉之官里與縣鄙是遂之官故揔言鄉遂之官云互約言之者遂之里是下士得與鄉之州中大夫同建旟則知鄉之閭亦得與遂之縣同建旐也遂之鄙得與縣同建旐鄉之黨亦得與州同建旟可知是

互也言約者鄉之族上從黨同建旟比上從閭同建旐也遂之縣上從鄙同建旐鄰上從里同建旟是約也但族師已下并鄙師已下皆是士官雖與在上大夫同建其刃數則短當三刃已下云鳥隼象其勇捷也者熊虎龜蛇皆二物相對則此鳥隼亦别物若然則鄭以勇解隼故王制云鷹隼摯然後罻羅設是隼勇也以捷解鳥鳥〻亦謂捷疾者也云龜蛇象其扞難避害也者龜有甲能扞難蛇無甲見人避之是避害也云道車象路也者案巾車云象路建大赤以朝〻所以行道故謂象路為道車是以士冠記及郊特牲

皆云牟追夏后氏之道章甫殷道委貌周道是其在朝服乘者皆從道故知道車是象路但在朝則建大赤今以朝夕燕出入則建旜也鄭知斿車是木路者巾車云木路以田是斿樂之所囿人掌囿斿之獸禁是知斿車是木路也但正田獵時建大麾今以小小田獵及巡行縣鄙則建旞為異耳云全羽析羽五色象其文德也者此羽是鍾氏所染鳥羽象翟羽而用故知皆五色以象文作也云大閱王乘戎路建大常焉玉路金路不出者鄭據此文閱之時王乘戎路金玉之路不出其祀帝於郊及乘車之會金路玉路皆

出也　皆畫至其號　釋曰上云旌旗之大此言旌
旆之細者也云皆畫其象焉與下為目此則官府已
下三象是也　注事名至之飾　釋曰鄭云事名號
者徽識者大傳云殊徽號昭公二十一年宋廚人濮
曰揚徽者公徒也是名徽也詩六月云識文鳥章箋
云識徽識是名識也今鄭合而言之故云徽識也云
所以題別衆臣者此經雖為軍事而言而云題別衆
臣者亦據在朝位而言也故鄭即言樹之於位朝者
各就焉而引覲礼為證也案覲礼秋覲在廟諸侯前
期皆受舍於朝文王廟外上介樹君之旂於位明日

公侯伯子男入各就其旂而立即此經象故云此其
類云或謂之事或謂之名或謂之號異外内也者官
府在朝是内其州里在百里二百里家在三百四百
里五百里並是外也云三者旌旗之細也者對上大
常已下為旌旗之大者也云士喪禮曰為銘各以其
物者謂為銘旌各以生時物王則大常已下為之云
亡則以緇長半幅者謂不命之士生時無旌旗者故
云亡也以緇縿長半幅長一尺也云赬末長終幅廣
三寸者以赤縿為之長二尺廣三寸云書名於末者
書死者名於廣三寸之上云此蓋其制也者此在朝

表朝位其銘旌制亦如此案礼緯云天子之旌高九
刄諸侯七刄大夫五刄士三刄案士喪礼竹杠長三
尺則死者以尺易刄天子九尺諸侯七尺大夫五尺
士三尺其旌身亦以尺易刄也若然在朝及在軍綴
之於身亦如此故云蓋其制也云徽識之書則云某
某之事者官府天官在軍當云大宰之下某甲之事
地官之下當云大司徒之下某甲之事餘四官之下
皆然云某〻之名者此據州里而言假令六鄉之下
則言某鄉之下某甲之名若六遂之下當云某遂之
下某甲之名也云某〻之號者此據都家之內假令

令三百里大夫家之下當云某家之下某甲之號此三者則徧其識内矣云今大閱禮象而爲之者此在軍之旌綴於身大小象銘旌及在朝者爲之云兵凶事者隱公傳云兵凶器戰危事危事亦是凶事也杜子春破畫爲書後鄭不從還從畫雲氣者案鄉射記云凡畫者丹質則射侯之等皆有畫雲氣之法明此經所云畫者畫雲氣也云異於在國軍事之飾者觀禮及銘旌皆不云畫以其在國質故也惟在軍畫之故云軍事之飾文也　凡祭至其旗　注王祭至王路　釋曰鄭云王祭祀之車則玉路者偏據王而言

云乘玉路則建大常經云各建其旗則諸侯已下所得路各有旗案上文諸侯建旗大行人云建常九旒雖言常皆是交龍爲旂敵文通故名旂爲常孤卿則旜大夫則物故言各建其旗也　會同至旌門　注賓客至旌門　釋曰鄭知賓客朝覲宗遇王乘金路者見齊僕云掌馭金路以賓又齊右亦云會同賓客前齊車者車即金路朝覲宗遇即會同故揔以金路解之也知巡守兵車之會王乘戎路者以其同是軍事故知亦皆乘戎路也　知皆建其大常者此大閱禮王建大常即知巡守兵車之會皆建大常也云掌舍

職曰為帷宮設旌門者彼注云謂王行晝止則樹旌
以為門彼官樹之此官供旌　建廞至如之　釋曰
此謂在廟陳時建之謂以廞旌建於遣車之上及葬
亦如之此謂入壙亦建之　注葬云至説之　釋曰
鄭云葬云建之則行廞車解説之者此釋經及葬亦
如之在廟陳時云建葬時亦建則惟有在道去之使
人各執遣車又當各熱廞旌是行廞車解説之也
凡軍至弊之　釋曰云凡軍事建旌旗者當大司馬
欲致衆之時司常建之此言為及致而設　注始置
至々者　釋曰云始置旗以致民者解經及致民置

旗也又云民至作之誅後至者釋經弊之　甸亦如之
釋曰上云軍事謂出軍征戰今此云甸謂四時田
獵言亦如之者亦如上建旌及致與弊之也　凡射
共獲旌　釋曰言凡射者則大射賓射及燕射皆共
之　注獲旌至待旌　釋曰謂若大射服不氏唱獲
所待之旌三侯皆有獲旌也　歲時共更旌　釋曰
謂受官旗旌用之者歲之四時來換易則司常取彼
之舊與此之新也　都宗人至于國　注都或至祭
僕　釋曰知都有山川者見祭法云山川丘陵能興
雲雨諸侯在其地則祭無其地則不祭都祀畿内諸

侯明亦祭境內山川也云及因國無主九皇六十四
民之祀者案王制云天子諸侯祭因國之在其地而
無主後者注云謂所因之國先王先公有功德宜享
世祀今絶無後爲之祭主者案史記伏羲已前九皇
六十四民並是上古無名號之君絶世無後今宜主
祭之也云王子弟則立其祖王之廟者左氏傳莊二
十八年云邑有先君之主曰都明天子禮亦然故知
都內王子弟有祖王之廟也云其祭祀王皆賜禽焉
者見祭僕云王所不與則賜之禽都家亦如之玄謂
王所不與同姓有先王之廟是賜禽法云其來致福

則帥而造祭僕知者見祭僕云凡祭祀致福者展而受之是造祭僕之事　正都礼與其服　注禁督至車旗　釋曰鄭云禁督其違失者解經正都礼〻中所含者多故惣以違失解之云服謂衣服及宮室車旗者解經與其服鄭并言宮室車旗者經雖直舉其服〻中可以兼宮室車旗是以下文家宗人兼言宮室車旗之禁明衣服之外惣須正之　若有至之壇

注守山至壇壇域　釋曰此經所云擄寇戎從外而入故先保在郊之神位而言是以鄭云守山川丘陵墳衍之壇域也案小宗伯云兆山川丘陵於四郊

彼雖不言壝衍壝衍之位亦在四郊皆須保之言壝者謂於中爲壇四畔爲壝舉壝則壇見矣　國有至于國注令々至白王　釋曰鄭知所令々有司者此都宗人是王家之官王命使禱祠是都内之事明所令々都内之有司有事於神者也　云祭謂報塞也者凡祈福曰禱至於得福則曰祭當與正祭同名祭則是總言祭據報塞而言也　云反命還白王者本以禱禱祠爲奉王命今祭訖反以王命還白於王故言還白王也　家宗至致福　注大夫至祖廟　釋曰鄭云大夫采地之所祀者則家止謂大夫不通公卿也

故載師職云家邑任稍地小都任縣地大都任疆地
是大夫采地稱家在三百里之內卿為小都在四百
里公為大都在五百里則上都宗人所主是也言所
祀與都同者據山川九皇六十四民在其地者云若
先王之子孫亦有祖廟者亦如上都宗人但天子與
諸侯礼異諸侯之卿大夫同姓邑有先君之主則曰
都無曰邑天子之臣同姓大夫雖有先君之主亦曰
邑也此不言凡家祭祀致福于國者舉都而言此家
從可知　國有至如之　釋曰云則令禱祠反命者
王以命令禱祠禱祠訖反命於王則與上文都宗人

既祭反命于國二也此更言祭亦如之者與上異則此是禱祠訖王復更有命祭祭訖亦反命然彼此無異但文有詳略則彼亦有此王命更祭之法文不具也　掌家至禁令　注掌亦至明矣　釋曰云掌亦正者都宗人云正故知此掌與彼正同云不言寇戎保群神之壝則都家自保之者此鄭都家自解者鄭欲釋經二處互見其文何者彼經言若有寇戎之事則保群神之壝者據王所命祀者而言則此家宗人亦有王所命祀者家宗人亦保之可知此家宗人不言寇戎保群神之壝者是王所不祀家宗人自保

之則都宗人亦有王不祀者都宗人自保之可知故鄭二者雙言之云都宗人所保者謂王所祀明矣者以王所不祀宗人不保之明宗人保者王所祀也

凡以至若物　釋曰序官注云神士者男巫之俊知是巫者此中掌三辰之法以猶鬼神祇之居案外傳云在男曰覡在女曰巫使制神之處位次主之度與此文合故知此神仕是巫

注猶圖至痛矣　釋曰云天者羣神之精日月星辰其著位也者鄭以經直見三辰不言天者天體無形人所不覩惟覩三辰故鄭云天者羣神之精日月星辰是其著位者也云以

此圖天神人鬼地祇之坐者謂布祭衆寡與其居句
者鄭意鬼神祇之居止是布祭於神〻有衆寡多少
或居方爲之或句曲爲之也引孝經說郊祀者援神
契文教閔章云周公郊祀后稷以配天云郊祀之礼
燔燎埽地已下至敬心之言釋之也言郊之布席已
下是鄭君語云郊之布席象五帝坐者案天文有五
帝坐星東方蒼帝靈威仰南方赤帝赤熛怒中央黄
帝含樞紐西方白帝白招拒北方黑帝汁光紀各於
其面是布神坐也云礼祭宗廟序昭穆者〻文二年
大事於大廟毀廟之主陳於大祖未毀廟之主皆升

合食服南面穆北面是人鬼之席坐也云亦又有似虛危者虛危有墳墓四司又爲宗廟布席象之故云又有似虛危也云則祭天圜丘象北極者北極有三星則中央明者爲大一常居傍兩星爲臣子位焉云祭地方澤象后妃者天有后妃四星天子象天后象地后妃是其配合也云及社稷者天有天社之星祭社之位象焉故云及社稷之席之席之言結五帝已下也孝經説云祭牲繭栗者據祭地或象天酒旗坐星酒旗星名云廚倉具黍稷者廚倉亦星名言廚倉所以具黍稷以祭祀云布席極敬心也者揔結語也

國語曰以下者欲見巫能制神之處位者心由精爽之意云精爽不攜貳者言其專一也云上下比義者上謂天神下謂地神能比方尊卑大小之義言聖能通知神意云神明降之者正謂神來降於其身言在男曰覡在女曰巫者男子陽有兩稱名巫名覡女子陰不變直名巫無覡稱言今之已下欲言今世邪巫誑惑世間之事故鄭痛之　以冬至札喪　釋曰言以冬日至夏日至此則大司樂云冬日至於地上之圜丘奏之若樂六變天神皆降夏日至於澤中之方丘奏之地祇皆出是也但其時天之神地之祇皆降

仍於祭天之明日更祭此等小神祇故於此別之也

注天人至之瀆　釋曰鄭云天人陽也者此解冬日至祭天神人鬼之意以其陽故十一月一陽生之月當陽氣升而祭之也云地物陰也者此解夏日至祭地示之意以其陰故五月一陰生之日當陰氣升而祭之也云所以順其爲人與物也者各順陰陽而在冬夏至也云致人鬼於祖廟致物鬽於墠壇此鄭惟釋人鬼物鬽不言致天神之處者文略亦當在墠壇也云蓋用祭天地之明日者當冬至夏至之日正祭天地之神示事於祭不可兼祭此等雖無正文鄭以

意量之故云蓋用祭天地之明日也云百物之神曰鬽春秋傳曰螭鬽魍魎者案左氏宣公三年楚子問鼎之大小輕重王孫滿對曰夏之方有德也遠方圖物貢金九牧鑄鼎象物故民入川澤山林不逢不若螭魅罔兩莫能逢之服氏注云螭山神獸形魅怪物罔兩木石之怪文十八年注螭山神獸形或曰如虎而噉虎或曰魅人面獸身而四足好惑人山林異氣所生為人害如賈服義與鄭異鄭君則以螭鬽為一物故云百物之神曰鬽引春秋螭鬽以證之經無魍魎連引之以國語木石之怪夔魍魎賈服所注是也

杜子春云禬除也後鄭云此禬讀如潰癰之潰者就
足子春之義以其癰潰則膿血除故讀從之云此禬
讀從潰言此以對彼〻大祝云類造禬禜之禬〻爲
會合之義不爲潰也

周禮疏卷第三十二

周禮疏卷第三十三

唐朝散大夫行大學博士弘文館學士臣賈公彥等撰

夏官　鄭云象夏所立之官馬者武也言爲武者也夏整齊万物天子立司馬共掌邦政々可以平諸侯正天下故曰統六師平邦國　乃立至邦國　注政正至行道　釋曰爲正者取平正之義大司馬主六軍所以正諸侯違王命不正者故鄭云所以正不正是以康子問政孔子云子帥以正孰敢不正孝經說者是孝經緯文云政者正也正德名以行道者亦是正者先自正己之德名以行道則天下自然正引之

以證正不正之事　敘官至十人　釋曰此序官從
大司馬至府六人其數與諸官同自史以下則異諸
官皆云史十二人胥十二人徒百二十人獨此官史
十有六人胥三十二人徒三百二十人與諸官異者
以大司馬大摠六軍〻事尚嚴特須監察故胥徒獨
多是以襄公三年六月晉悼公會諸侯盟于雞澤秋
晉侯之弟揚干亂行於曲梁魏絳戮其僕晉侯怒對
曰使臣斯司馬臣聞師衆以順爲武是其尚嚴也
注輿衆至於此　釋曰輿衆者案左氏傳僖二十八
年晉侯聽輿人之誦是　爲衆之義也云行謂軍行

列者詩云宣　行是行得為行列云晉作六軍而有三行取名於此者左氏僖二十八年云晉侯作三行以禦狄注云晉置上中下三軍今復增置三行避天子六軍之名以所加三軍者謂之三行彼名軍為行取於此行司馬之名也　凡制至有長　釋曰云此大國次國小國者皆以命數同者軍數則同則上公為大國侯伯為次國子男為少国也魯是侯爵而魯頌云公徒三万注云万二千五百人為軍大國三軍合三万七千五百人言三万者舉成數也然當公之時其實二軍故襄公十一年作三軍則前無三軍

矣若僖公時有三軍則中閒廢有合文注詩爲三軍
者作詩之人舉魯盛時而言若然魯公伯禽之時則
三軍矣魯語季武子爲三軍叔孫昭子曰不可又云
今我小侯也明大侯之時有三軍矣鄭荅林碩爲二
方之大數者以實言之也此言軍將皆命卿及師帥
皆中大夫旅帥皆下大夫卒長皆上士兩司馬皆中
士伍皆有長者皆據在鄉爲鄉大夫州長黨正族師
閭胥比長時尊卑命數而言伍皆有長是比長下士
不言皆下士者以衆多官卑故略而不言也　注軍
師至之兩　釋曰鄭以經伍兩卒旅師軍皆據在鄉

内民數而言者以其凡出軍皆據六鄉為數是以小司徒云凡起徒役無過家一人是以鄭據在鄉之數而以家出一人結之也鄭云言凡軍將皆命卿則凡軍帥不特置選於六官六鄉之吏者鄭言選於六官者謂王朝六卿此六軍之將還選六卿中有武者為軍將也又別言六鄉之吏者據六鄉大夫及州長黨正族師閭胥比長中有武者今出軍之時還遣在鄉所管之長為軍吏也鄭必知還遣本長為軍吏者見管子云因内政寄軍令且經並據在鄉時尊卑而言故知因遣其鄉之官而領之也是以州長職注云掌

其戒令賞罰則是於軍因爲師帥自黨已下注皆云
因爲旅帥因爲卒長閭胥已下雖不言因爲義可知
又云自鄉已下德任者使兼官焉者案大司馬云師
都載旃鄉遂載物鄭云鄉遂大夫或載旃或載物衆
屬軍吏無所將則自鄉已下至伍長有武德堪任爲
軍之吏者乃兼官兼官者在鄉爲鄉官在軍爲軍吏
若無武德不堪任爲軍吏者則衆屬他軍吏身不得
爲軍吏是無所將也是以詩云韎韐有奭以作六師
鄭云諸侯世子除三年之喪未遇爵命服士服而來
時有征伐之事天子以其賢任爲軍將是代爲軍將

之事則王朝之官有武德者皆可代爲軍吏也先鄭云王六軍已下復引諸文者以當時有不信周礼者故引為證言春秋有大国有次国有小国者此非春秋正文成三年冬十一月晉侯使荀庚來聘衛侯使孫良夫來聘公問諸臧宣叔曰中行伯之於晉其位在三孫子之於衛也位為上卿將誰先對曰次國之上卿當大國之中々當其下々當其上大夫小國之上卿當大国之下卿中當其上大夫下當其下大夫上下如是古之制也衛在晉不得為次國晉為盟主其將先之丙午盟晉丁未盟衛蓋指此為大國次國

小國也云又曰成國不過半天子之軍周為六軍諸侯之大者三軍可也者襄十四年晉侯舍新軍礼也成國礼不過半天子之軍周為六軍諸侯之大者三軍可也晉雖為侯爵以其為霸主得置三軍故為礼也云此周為六軍之見于經也者此引春秋及大雅常武與文王皆是正經故云之見于經也此經言軍而詩云師者此皆軍也故鄭荅林碩云軍者兵之大名軍礼重言軍為其大悉故春秋之兵雖有累万之衆皆稱師詩云六師即六軍也然軍旅卒兩皆衆名獨舉師者案易師彖云師貞丈人吉無咎軍二千五

百人為師丈之言長也以法度為人之長故吉無咎
謂天子諸侯而主軍〻將皆命卿天子六軍兵衆之
名移矣正言師者出兵而多以軍為名次以師名少
旅為名言衆舉中言之也由此言之故以師為大名
不言軍為其大多不言旅為其中故以師表名見其
得中以兼上下言軍以軍為名謂征伐次以師為名
謂君行師從少以旅為名謂卿行旅從之時也云春
秋傳曰王使虢公命曲沃伯以一軍為晉侯此小國
一軍之見於傳者莊十六年傳文以其新并晉國雖
為侯爵以小國軍法命之故一軍也云故春秋傳曰

廣有一卒〻偏之兩者宣十二年欒武子説楚之軍法云其君之戎分爲二廣服氏云左右廣各十五乘廣有一卒服氏云百人爲卒言廣有一卒爲承也卒偏之兩服氏云五十人曰偏二十五人曰兩廣旣有一卒爲承〻有偏〻有兩故曰卒偏之兩引之以證卒是百人兩爲二十五人意也　一軍至百人　釋曰此非常也有軍則置之無則已府史不言府二人史六人而逆言其數者欲見所置非常故到言以見義也　司勲至二十人　釋曰此已下六十官以大司馬主軍法所有軍事及武勇官爵賞者整齊之等

將舊爲序官前後亦不據尊卑直取事急者居前事緩者居後是以司勳及馬質已下皆士官而居前射人諸子司士之等大夫官而居後也但司馬主征伐軍無賞士不往凡軍以賞爲先故僖二十八年秋七月晉文公獻俘授馘飲至大賞武王入殷封功臣謀謀士師尚父爲首故司勳列在前上士二人爲官下士四人爲之佐府二人主藏文書史四人作文書草稾二人爲十長徒二十人給徭役　注故書至其功　釋曰先鄭不從古書勛而從勳者勳是古字從今之勳也云掌六鄉賞地之法以等其功者司勳職

文　馬質至八人　注質平至賈直　釋曰司馬者
主以供軍之用馬質主平馬賈之故亦列職居前
也然不使與校人相近而在此者平馬大小賈直故
使與量人相近故也以其主司馬故屬夏官　量人
至八人　注量猶至度地　釋曰在此者以其掌營
軍之壘舍量其市朝州塗軍社之所里其中雖有餘
事要以軍事為重故亦列職於此也　小子至八人
注小子至小事　釋曰在此者以其職有掌小祭
祀羞羊肆釁軍器師田掌斬牲徇陳之事故屬此也
羊人至八人　釋曰羊人在此者以其職有掌羊

牲於祭祀割牲等之事羊屬南方火司馬火官故在
此案說卦云兑爲羊注云其畜好剛鹵又易說云大
山失金雞西嶽亡玉羊者西嶽之精而羊不在
西方者羊有二義案五行傳云視之不明則有羊禍
注云羊畜之遠視者屬視故列在夏官兑爲羊又屬
西方也　司爟至六人　注故書至火與　釋曰在
此者案其職有行火之政令火屬南方故在此也子
春不從古書爟還從爟爟爲私火者民間理爨之火
後鄭讀如予若觀火者盤庚告其羣臣不欲徙而匿
情者予若觀熱也我有刑罰如熱火可畏故引證俗

以湯熱爲觀亦取熱火之義後鄭云謂熱火與者對
秋官司烜氏以夫遂取火於日中爲明者爲冷火故
字爲疑故云與也孔安國以觀爲視我觀汝情如視
火與鄭義異也若然司烜氏不在此者彼取金義故
在秋官也　掌固至四十人　注固國至其國
釋曰鄭云固國所依阻者也者欲見固據在國而言
云國曰固野曰險者對下文司險是在野之義也以
其掌固職云掌脩城郭溝池樹渠之固並據國而言
司險職云周知山林川澤之阻而達其道路者據在
野而言故知在野曰險又引易者易坎卦彖云天險

不可升地險山川丘陵王公設險以守其國引之證
固是在國王公設之以守國若然易云王公設險〻
即此固以其言王公設之非是在野自然之險者也
是對文則險固異散則險固通名也　掌固司險在此
者取整齊之義故也　掌疆至十人　釋曰在此者
案其職闕雖未知其事蓋掌守疆界亦是禁戒之事
故在此也　候人至十人　注候〻至來者　釋曰
在此者案其職云各掌其方之道治與其禁令以設
候人是候迎賓客之事故詩云彼候人兮荷戈與祋
亦是武事故在此也　環人至二人　注環猶圍卻敵

釋曰在此者案其職云掌致師察軍慝皆是軍師之事也故在此也　挈壺至二人　注挈讀至為漏　釋曰在此者案其職云掌挈壺以令軍井挈轡以令舍挈畚以令糧又云凡軍事懸壺以序聚欜皆為軍事故在此也鄭讀挈如絜髮之絜者詩云總角之宴毛傳云總角結髮此鄭依毛傳絜即結之義也鄭云世主挈壺水以為漏者以其稱氏此則官有世功則以官為氏故以世主解之也　射人至十人　釋曰在此者以其主射事射即武事故在此也服不至四人　注服不至獸者　釋曰在此者以其服不服

之獸象主者伐叛柔服之義故在此也　射鳥至四人　釋曰在此者案其職云掌射鳥亦是武事在此宜也　羅氏至八人　注能以至獸者　釋曰在此者案其職云掌羅烏鳥亦是武事故在此也引郊特牲云大羅氏天子之掌鳥獸者案彼云大羅氏天子之掌鳥獸者諸侯貢屬焉彼大羅氏則此羅氏爲一彼稱大對諸侯此直曰羅氏此無所對故不稱大此職唯羅鳥不主獸彼兼言獸者諸侯所貢鳥獸屬焉則兼掌所貢之獸也　掌畜至十人　注畜謂斂而養之　釋曰在此者案其職云掌養鳥而阜蕃教擾

之是專養鳥其職注謂鵝鶩之屬是斂而養之鳥是
羽蟲屬南方故在此也　司士至十人　釋曰在此
者以其職云掌以德詔爵以功詔祿與大司馬云進
賢興功同故列職於此也　諸子至十人　注諸子
至庶子　釋曰在此者案其職云若有甲兵之事則
授之車甲故亦在此也鄭云諸子主公卿大夫士之
子者案其職云掌國子之倅々副代又有是公卿大
夫士之適子皆是倅故鄭歷言之云或曰庶子者案
礼記燕義稱此諸子爲庶子故言或曰以其燕礼有
庶子執燭之事彼據諸子謂之庶子故燕義兼說天

子諸子之事諸庶爲一皆掌公卿大夫士之適故通
謂之庶子也　司右至十人　注右謂車右　釋
曰在此者王車之右執干戈以衛王亦是武事故在
此也鄭知勇力者其職云國之勇力之士能用五兵
者屬焉鄭云選右當於中是用勇力充之者也　虎
賁至百人　注不言至力者　釋曰在此者亦衛守王
在此宜也鄭云不言徒曰虎士則虎士徒之選有勇
力者以其在胥下例皆是徒今不言徒而曰虎士明
先是徒之選有勇力者乃爲之以當徒處　旅賁至
八人　釋曰在此者案其職云掌執戈盾夾王車而

趨左八人右八人車止則持輪言旅見其衆言賁見其勇亦是衛守王事故在此也　節服至四人　注世爲至衣服　釋曰在此者案其職云郊祀二人執戈送逆尸從車亦是武事故在此也鄭云世爲王節所衣服者以其着服與王爲節而稱氏故知官有世功則曰官族然乃稱氏者鄭雖不釋爲世功但注有詳略從可知也　方相至四人　注方相至之貌　釋曰在此者案其職云蒙熊皮黄金四目玄衣朱裳執戈揚盾可畏怖亦是武事故在此也鄭云方相猶言放想者漢時有此語是可畏怖之貌故云方相也

大僕至二十人　注僕侍至長也　釋曰在此者
凡言僕御者是武衛之事又大僕職凡軍旅田役贊
王鼓是凡僕御皆連類在此也大僕已下四官因仍
同府史之等者大僕已下至御僕乃是別職同官故
同府史也小臣其職云掌王之小命詔相王之小法
儀祭僕其職云掌受命於王以視祭祀御僕其職云
掌群吏之逆及庶民之復大僕為長故連類在此若
然府史胥徒在御僕下者是四官別職同官故共府
史胥徒也　隸僕　注此吏至事褻　釋曰在此者
以僕皆在此故亦在此但所掌之事褻故別官職不屬

大僕鄭云此吏而曰隸以其事褻者此經言下士二人即是吏案秋官有罪隸已下是奴稱隸以其掌褻故與賤同稱隸也　弁師至四人　釋曰在此者以夏物長大而盛壯人年長大乃冠以象夏故不同司服在春官而在此也　注弁者至曰冠　釋曰案禮記郊特牲及士冠記皆云夏收殷冔周弁三代皆祭冠則弁亦冕也即是六冕皆得稱弁若然皮弁爵弁自然是弁故鄭云弁者古冠之大稱也云委貌緇布曰冠者此二者對皮弁爵弁六冕唯曰冠若散文亦得言弁故司服云凡田冠弁服凶事服弁服皆得言

弁也　司甲至十人　注甲今至之長　釋曰在此者其職雖闕但甲者軍師所用在此宜也言甲今之鎧者今古用物不同其名亦異古用皮謂之甲今用金謂之鎧從金爲字也云司甲兵戈盾官之長者以其此官下大夫又在上已下皆士官故云長也司兵至十人　釋曰在此者案其職云掌五兵五盾及授兵從司馬之法此亦爲軍事在此宜也　司戈至四人　釋曰在此者案其職云祭祀授旅賁殳故士戈盾授舞者兵皆武事故在此也　注戈今時句孑戟　釋曰案冬官冶氏爲戈戟戈則兩刃長六尺六寸

戟則三刃長丈六尺形既不同鄭云戈句孑戟而為一物解之者鄭舉漢法以況之漢時見戈有旁出者為句孑亦名胡孑故號戈為孑戟也　司弓至十人

注司弓至之長　釋曰在此者案其職云掌六弓四弩八矢給武之所用在此宜也　云司弓矢弓弩矢箙官之長者司弓矢下大夫已下　繕人稾人皆士官故得與之為長也鄭云司弓弩即繕人也繕人至十人

注繕之言勁也善也　釋曰在此者案其職云掌王之用弓弩矢箙亦是武事故在此也　云繕之言勁也善也者以其所掌弓弩有堅勁而善堪為王用

者乃入繕人以共王故鄭爲此解之也　槀人至十
人　注鄭司農至槀人　釋曰在此者職云掌六弓
八矢四弩是軍事所用故在此也先鄭云箭幹謂之
槀案冬官矢人云以其笴厚爲之羽深後鄭云笴讀
爲槀謂矢幹古文假借字則此槀人非直掌矢槀兼
主弓弩矢服等而云槀人者以槀爲主耳故云此官
主弓弩箭矢故謂之槀人　戎右至二人　注古者
至右焉　釋曰此戎右并下僕馭在此者皆是防衛
之官故皆在此云古者參乘者若在軍爲元帥則將
居鼓下將在中御者在左若凡平兵車則射者在左

御者居中若在國則尊者在左御者亦中央其右是勇力之士執干戈常在左右故云古者參乘也云此充戎路之右田獵亦為之右者案巾車玉路有五案下文僕亦有五唯此戎右已下有三不見玉路祀之右又不見木路田路之右故以田戎相類齊祀相因故以類相兼故戎右兼田右齊右兼祀右若然僕有五不兼者僕難於右是以六藝之中有五御而不言右也案巾車玉路居前戎路在後此右在前又戎右大夫齊右下大夫道右上士戎右官人尊者夏官主事尚威武故戎右居前使官尊也　齊右至二人

注充玉至之右　釋曰充金路爲主故云斉案曲禮云立如斉注齊謂祭祀時則斉雖施於祭前當祭時亦名齊故得兼金玉二路而鄭不言亦以其齊同故也　道右上士二人　注充象路之右　釋曰在朝所以行道是以名車爲道車以巾車五路差之上已有玉金革木之等此道右當充象路之右可知不兼而官卑者以其上四事行事簡故使兼此道右曰目視朝行事繁故不兼以其事卑於齊戎之等故官亦卑也　大馭至二人　注馭之最尊　釋曰在此者亦是衛守之事在此宜也　云馭之最尊者以其御

玉路以祀故云最尊以是特尊不與下同名僕而謂之大馭也若然戎右在前尚威武此戎僕在前者以其僕雖駕馭為難仍非武事故退戎僕於後進大馭於前也仍尊戎僕在齊僕之上而使中大夫為之與戎右尊卑同也　戎僕至二人　注馭言至於車釋曰上大僕已下言僕並是侍御之官稱僕今此馭車之人亦言僕者在車亦是侍御之類故云亦侍御於車也　齊僕至二人　注古者至神明　釋曰齊而敬神明者案曲禮下注云春夏受贄於朝受享於廟秋冬一受之於廟是朝覲宗廟案覲禮及司儀

會同之時設方明於壇上設六玉以禮方明之神是
會同祈神明巾車云金路建大旂以賓則金路王為
賓路々々則諸侯與王行朝覲會同之禮故鄭以朝
覲會同以釋齊也　道僕至之道　注王朝至之道
釋曰案上齊右已下至齊僕皆二人唯戎右與道
僕人數多者則戎右有所斬殺故左氏傳晉縛秦囚
萊駒爲右使萊駒斬之故人多也　道僕所以特多者
以朝夕在朝來往駕脫難而且煩故人最多也鄭云
王朝々莫夕至御者此釋人多之意云王以與諸臣
行先王之道者此釋稱道之言也　田僕至二人

釋曰人亦多者王有四時之田兼有園囿遊獵及承鮮獸之等亦是事繁而難故亦特多也　馭夫至十人　釋曰案其職云掌馭貳車從車使車之等馭僕之類故亦在此馭夫㧾六十人案校人三乘為皁皁一趣馬三皁為繫繫一馭夫則馬三十六匹一馭夫計良二千一百六十匹則六十馭夫又駑六麗一師六師一趣馬六趣馬一馭夫則一馭夫主四百三十二匹駑千二百九十六匹則馭夫三人并前六十三人與此不合者蓋此序官脫三人也　校人至十人　釋曰在此者以馬共軍所用故其職云凡軍事物

馬而頒之故在此官特尊而多故也　注校之至之長　釋曰云校之為言校也者讀從曲礼與少儀效馬效羊取效見義以其養官畜者必效見之故鄭云主馬者必仍校視之仍者相仍有時數〻程見之也云校人馬官之長者與下趣馬至圉人為長有事皆取長官法度　趣馬至四人　注趣馬至趣馬　釋曰在此者案其職云掌正良馬而齊其飲食是以鄭云趣馬趣養馬者故在此也先鄭説以詩云蹶惟趣馬者彼詩是刺幽王之詩其詩臣名蹶唯作趣馬之官權寵之例引以證趣馬是官名也　巫馬至十人

釋曰巫知馬崇醫知馬病故連類在此也有賈者治馬死生須知馬價故有賈人也　注巫馬至同職　釋曰馬祖之等並在下文有人犯者與爲崇巫則知之爲之謝過必與醫同職者巫言無崇則是時氣及損傷付醫治之故二官同職也　牧師至十人　注主牧至養之　釋曰在此者案其職云掌牧地是放馬故與校人連類在此也　廋人至十人　注廋之言數　釋曰在此者案其職云掌十有二閑之政阜馬佚特之等故與馬官連類在此也　圉師至二人　釋曰在此者以其掌養馬也　圉人至一人　注養馬

至耦也　釋曰在此者案其職云掌養馬芻牧之事
以役圉師亦是爲馬故亦連類在此也　職方氏至
十人　注職主至之長　釋曰在此者司馬主九畿
職方制其貢事相成故在此官尊而人多以其主天
下人民貢賦之事ゝ繁故也云主四方官之長者與
下諸言方者爲長也　土方氏至十人　注土方至
土地　釋曰在此者案其職云以土地相宅而建邦
國都鄙與職方連類在此也故主四方邦国之土地
懷方氏至十人　注懷來至其物　釋曰在此者
案其職云掌來遠方之民致方貢致遠物故與職方

連類在此也　合方氏　注合方氏至之事　釋曰
在此者案其職云掌達天下之道路通其財利同其
數器故注云主合同四方之事故亦連類在此也
訓方氏至十人　注訓道至之民　釋曰在此者案
其職云掌道四方之政事與其上下之志誦四方之
傳道故注云教導四方之民故連類在此也　形方
氏至十人　注形方至形體　釋曰在此者案其職
云掌制邦国之地域而正其封疆故注云主制四方
邦国之形體故連類在此　山師至十人　釋曰在
此者案其職云掌山林之名辨其物與其利害而頒

邍

頒之于邦國使致其珍異之物案王制云名山大澤不以封故天子立山師以遙掌之使貢故與職方亦連類在此也　川師至十人　釋曰在此者案其職異山師同故亦連類在此邍師至十人　注邍地之廣平者　釋曰在此者案其職云掌四方之地名辨其丘陵墳衍原隰之名故連類在此也　注云邍地之廣平者爾雅文也　匡人至八人　釋曰在此者案其職云掌達法則匡邦國而觀其慝使無敢反側以聽王命注云主正諸侯以法則故連類在此也　撢人至八人　注撢人至天下　釋曰在此者案其職

云掌誦王志道國之政事以巡天下之邦国而語之
故注云主摶序王意以語天下故連類在此也　都
司馬至八十人　釋曰言每都上士二人已下者此
王自以臣爲司馬遙掌都内故其職云掌都之士庶
子及其衆庶車馬兵甲之戒令聽於國司馬既是軍
故在此也　注都王至軍賦　釋曰鄭據何知都唯
有王子弟所封及三公采地不通卿大夫者案司裘
云諸侯則共熊侯豹侯卿大夫則共麋侯卿不入諸
侯之中故知義然云司馬主其軍賦者即司馬法云
成出士十人徒二十人之等並是都司馬所主也

家司馬至司馬　注家卿至司馬　釋曰云家卿大夫采地者案載師職家邑任稍地謂大夫采地小都任縣地謂卿之采地大都任疆地謂三公采地則卿入小都中今此經直言家而小都入家中不在上都中者司馬主軍事嚴凝爲主須辨尊卑故依司裘卿與大夫不得稱諸侯者爲家又不使王臣爲之也若然都宗人家宗人及都士家士皆使王臣爲之者都家宗人有祖王之廟九皇六十四民王所當祭故使王臣爲之都家之士以獄訟刑罪王政之重非王臣不決故亦使王臣爲之但非嚴凝故卿入都耳云主

之司馬其以王命來有事則曰國司馬者其職云以聽於國司馬對此從下向上則曰公司馬　大司馬至邦國　釋曰此九法已下皆言邦國則施於諸侯爲主故云邦國也云以佐王平邦國者九法以糾察諸侯使之成正故以平言之也但此九法據殷同之時建之故大行人云殷同以施天下之政注云政謂邦國之九法則殷同之時司馬明布告之故云建也　制畿至邦國　釋曰謂制諸侯五百四百里之等各有封疆界分乃得正故云以正邦國　設儀至邦國　注儀謂至之位　釋曰鄭知儀中有諸侯及諸

臣者以此經云等邦國案大行人云以九儀辨諸侯
之命等諸臣之爵鄭云九儀謂命者五公侯伯子男
也爵者四孤卿大夫士也知九儀中唯有諸侯諸臣
無天子之臣案大宗伯云以九儀之命正邦國之位
注云每命異儀則九儀之中謂一命以至九命之儀
其中有六命八命并九命作伯兼有主臣則與此異
也　進賢至邦國　釋曰進賢謂臣舊在位有德行
者并草萊有德行未遇爵命者進之使稱才任用興
舉也臣有功者舉之亦使任用作起也以臣有賢有
功舉之興官則起邦國之内勸善樂業之心使不惰

廢善業也　建牧至邦國　釋曰二百一十國以爲州州有牧使維持諸侯又一國立一監以監察一國上下相維故云以維邦國也此則大宰云建其牧立其監亦一也　制軍至邦國　釋曰案上文大國三軍次國二軍小國一軍也詰禁者案士師有五禁天子礼此諸侯國亦當有五禁以相窮治相糾正故云以糾邦國也　施貢至邦國　釋曰施貢多少據國地大小故地官大國貢半次國三之一小國四之一皆由天子施之此大宰九貢并小行人春令入貢皆是歲之常貢與大行人因朝而貢者異也　分職者即

大宰所云九職是也彼據畿內此據諸侯ミミ邦國
亦田天子分之使民有職業因使稅之所稅者帝之
以充貢若然言貢據向天子而言云稅據民所爲ミ
說事相因皆所以任邦国故云以任邦国也　簡稽
至邦国　釋曰注云簡謂比數之稽猶計也謂比數
計會鄉民而用之故云以用邦國也　均守至邦國
釋曰言均守謂五等諸侯有五等受地五百里已
下是均守也平則者則法也謂五等職貢之等皆有
常法則邦國獲安故云以安邦國　比小至邦国
注比猶至諸侯　釋曰案司儀有五等諸侯自相

為賓亦有五等諸侯之臣相為國客案春秋有小國朝大國〻〻聘小國故鄭云使大國親小國釋經比小也云小國事大國釋經事大使相合和故云以和邦國也引易比象者其卦坤下坎上坤為土坎為水水得土而流土得水而柔是水土和合故象先王建万國親諸侯謂法卦行事使諸侯相親引之者證比小事大之義　以九至邦國　注諸侯至伐云

釋曰鄭云諸侯有違王命則出兵以征伐之所以正之也者此經與下文為目則下九者皆是違王命者也若然案下文九者唯有賊賢害民一者稱伐其

餘八者皆不言伐此經惣言伐者侵滅二者亦是伐之例其餘六者皆先以兵加其境服乃眚之墠之削之正之殘之杜之故皆以伐言之云諸侯之於國如樹木之有根本是以言伐云者案月令孟夏云無伐大樹孔子云伐一木不以其時非孝子是樹木稱伐此九伐施於邦國在於時會之時是以大行人云時會以發四方之禁注云禁謂九伐之法是當時會者也　馮弱至眚之　注馮猶至其地　釋曰云馮弱據以強陵弱云犯寡據以大侵小如此者眚瘦其地使不得強大也引王霸記者其記王及霸事者云四

面削之為異也。 賊賢至伐之 注春秋至其罪
釋曰云賊賢者亂主所任〻〻同己者如此則賊虐諫
輔故云賊賢也 云害民者以君臣俱惡重賦多徭其
民被害故曰害民如此者則聲鐘鼓伐之也引春秋
傳者案莊十年二月公侵宋公羊傳曰觕者曰侵精
者曰伐何休云觕麤也 彼不言觕此言粗者鄭讀傳
與何異觕即粗義亦同也又曰有鐘鼓曰伐者此莊
二十九年夏鄭人侵許左氏傳曰凡師有鐘鼓曰伐
無曰侵引此二者皆證侵輕伐重之義也 暴內至
壇之 釋曰暴內即上云賊賢害民是也陵外即上

虐

云馮弱犯寡是也上二文各有其一故伐之責之不奪其位此則外内之惡兼有故壇之奪其位立其次賢　注内謂至賢者　釋曰鄭云讀如同墠之墠從金縢三壇同墠之墠取其除地曰墠謂置之空地先鄭讀從墠之以威之墠此罪既重而直墠之於義不可故後鄭還從王霸記爲正鄭知立其次賢者以其古者不滅國故知更立次已下賢子弟　野荒至削之　釋曰古者量地以制邑度地以居民地邑民居必參相得無曠土無遊民今言野荒民散由君政惡民並適彼樂國故民散而野荒是其君不能有故削

之　負固至侵之　釋曰謂倚恃險固不服事大國
則以兵侵之使弱其勢也　注負猶至大邦　釋曰
云固險可依以固者也者謂若僖四年楚屈完云楚
國方城以爲城漢水以爲池雖君之衆無所用之是
其負固不服也云不服不事大卽上云比小事大是
其服者也云用兵淺者對伐是用兵深者以其罪輕
直侵之而已也詩云者大雅皇矣篇引之者證不服
也　賊殺至正之　注正之至叔武　釋曰鄭云正
之者執而治其罪者其正未必卽是殺但賊殺其親
其罪尤重故以正爲殺解之是以王霸記以正爲殺

也引晉人執衛侯歸于京師〻〻據洛邑而言也云坐殺其弟叔武者案彼傳晉侯伐衛〻侯出奔楚晉侯敗楚於城濮其弟以受盟既受盟国則無罪衛侯而入將入與弟叔武為期衛侯先期入叔武將沐聞君至喜捉髮走出前驅歂犬射而殺之衛侯知其無罪枕之股而哭之元咺舊在國是叔武黨見衛侯殺弟遂訴衛侯於晉〻以衛侯有罪諸侯不相治罪遂執衛侯歸於京師時使醫衍酖衛侯甯俞貨醫衍薄其酖不死是坐殺弟合正之事也　放弑至殘之

注放逐至為惡　釋曰鄭以逐解放則若季氏逐昭

公之類是也鄭雖不解弒弒其君則若慶父殺二君
及崔杼弒君之類是也鄭云殘殺者以殺解殘也經
本不云殺不云滅云殘者蓋取殘賊殺之〻若毒
故尚書梓材云戕敗人宥注戕殘也又云無胥戕無
胥虐注云無相殘賊無相暴虐是戕為殘賊也其義
鄭君以爲左氏宣十八年秋七月云邾人戕鄫子于
鄫傳曰凡自内虐其君曰弒自外曰戕即邾人戕鄫
子是也自内弒其君曰弒者晉人弒其君州蒲是也
雖他國君不加虐亦曰殺若加虐殺之乃謂之戕之
取殘賊之意也若自上殺下及兩下自相殺之等皆

曰殺若然此經云殘者是加虐殺之雖非他國君至
於賊臣亦云殘也　犯令陵政則杜之　注令猶至交
通　釋曰鄭訓令為命者欲就王霸記之命解之為
王命之意也但犯命陵政是不受上命不遵之事故
還杜塞之使不與四鄰交通外內至滅之　注王霸
至聚麀　釋曰外亂謂若齊襄公淫於妹魯桓夫人
文姜之等是也內亂謂家內若衛宣公上烝父妾下
納子妻之等是也引曲礼者鹿之父子聚麀獸之亂
不言鳥之亂義可知故略而不言也案春秋公羊左
氏說凡征戰有六等謂侵戰伐圍入滅用兵麁觕不

聲鐘鼓入境而已謂之侵〻而不服則戰之謂兩陳交刃戰而不服則伐之謂用兵精而聲鐘鼓伐而不服則圍之謂帀其四郭圍而不服則入之謂入其四郭取人民不有其地入而不服則滅之謂取其君此皆舉重而言假令先入後滅書入舉重已外盡然

正月至斂之　釋曰正月謂周正建子之月之吉謂朔日始和凡政有故言始和者若改造云耳布政于

邦

鄰國都鄙者謂上九法九伐并下凡令以下皆此時布之邦國據畿外都鄙據畿內不言鄉遂及公邑布政可知此則徧天下也乃縣已下亦謂正歲乃縣

之一與大宰同不復具釋也　乃以至蕃畿　釋曰
乃以九畿之籍者謂以面五千里爲九畿　皆有典
籍之書令大司馬以此籍書施其政職之事於邦國
諸侯也云方千里曰國畿者此據王畿内千里而言
非九畿之畿但九畿以此國畿爲率向外每五百里
加爲一畿也云侯者候也爲天子伺候非常也云甸
者爲天子治田以出賦貢云男者任也任王者之職
事云采者采取美物以共天子云衛者爲天子衛守
云蠻者縻也以近夷狄縻繫之以政教自此已上六
服是中國之九州自此已外是夷狄之諸侯此蠻服

與大司徒云要服亦一也言要者亦見要束以文教
也云夷者以夷狄而得夷稱也云鎮者去中國稍遠
理須鎮守云蕃者以其最遠故得蕃屏之稱此三服
總號蕃服故大行人云九州之外謂之蕃國世一見
指此三服也此九者衛服之內各舉一邊而言其實
通稱唯蠻服以外直據彼爲號不通中國之名也
注識猶至所
止　釋曰云王城以外五千里爲界者兩面相
距則方万里此則禹之一君二民之地若然堯舜之
時因應万里而五服面二千五百里兩面相距止有

五千里無万里若此據未治洪水時服各五百里至
禹治洪水之後弼成五服〻〻加五百則亦万里若孔
君義則不然若據鳥飛直路此周之九服亦止五千
若隨山川屈曲則禹貢亦万里彼此不異也云九籍
諸
其禮差之書也者謂侯賦貢多少有常則大國貢半
次國三之一小國四之一是其礼差也云政職所共
王政之職謂賦稅也者案大宰云以九職任万民據
畿內此九職亦施與邦國則此政職也但施職事與
之使万民勤職而出賦稅諸侯得之以半與三之一
四之一市取之毛以貢之則禹貢篚貢是也據民而

出謂之賦稅據諸侯所廷謂之貢也引春秋傳者案襄二十五年鄭子產對晉云昔天子之地一圻列國一同今大國多數圻矣若無侵小何以至焉殷頌邦畿千里是殷頌玄鳥詩之言引此二者證王畿千里之義　凡令至二人　釋曰此文承上邦國之下而云令賦是還據邦國諸侯而說也此經有三等之地案小司徒注云有夫有婦然後為家自二人以至於十人為九等七六五者為其中則地有上中下各分為三等九等則十口食上〻九口食上中八口食上下七人食中上六人食中〻五人食中下四人食下

上三人食下中二人食下〻又案遂人上地夫一廛田百畮萊五十畮中地家二百畮下地家三百畮與此上地食者参之二合故鄭云邦国如六遂矣若然則上地是上下之地應家八人一人為家長可任者當二家七人今云家三人者經欲互舉以明義故以中地之上家七人見出上地之下八人者明亦有上地之上又言下地食参之一其民可用者家二人地即據下地之上人即據中地之下家五人者亦是互舉以明義故地舉其下人舉其中欲見亦有下内三等其地及人也先鄭云食者参之二假令一家有三

頃歲種二頃休其一頃者舉上地只應云一頃五十
晦而云三頃者直取參之二舉整言之或并二家而
説也　中春至之陳　注以旗至正也　釋曰鄭云
以旗者立旗期民於其下也者謂大司馬柔有田獵
之期日今至期日立熊虎之旗於期處以集衆故云
期民於其下云兵者守国之備者鄭欲解田獵者所
以習兵故云兵是守國之備者鄭欲解田獵者所以
習兵故云兵是守國之備引孔子語欲見須田獵
以教戰云兵者凶事者隱公傳文云不可空設因蒐
狩而習之者蒐狩是田獵之名欲行蒐狩先芟草萊

教戰訖乃入防田獵故云因蒐狩而習之是以書傳文戰鬭不可空習故於蒐狩以閑之閑之者習之是其習兵因蒐狩也云凡師出曰治兵入曰振旅皆習戰者案莊公八年正月次於郎甲午祠兵公羊傳何祠兵者何出曰祠兵注云礼兵不徒使故將出兵必祠於近郊陳兵習戰殺牲饗士卒又曰入曰振旅其礼一也皆習戰也左氏說治兵於廟礼也注云三年而治兵與秋同名兵革將出故曰治兵穀梁傳亦云出曰治兵習戰也入曰振旅習戰也鄭玄於異義駁不從公羊云祠兵故云祠兵者公羊字之誤因而作

説之亦不從左氏説治兵爲授兵於廟云於周司馬職曰仲夏教茇舍仲秋教治兵其下皆云如戰之陳仲冬教大閲脩戰法虞人萊所田之野乃爲之如是治兵之屬皆習戰非授兵於廟入無祠五兵之禮是以爾雅釋天云出爲治兵尚威武也入爲振旅反尊卑也言反尊卑者出則壯者在前老弱在後入則壯者在後老弱在前是以鄭此云振旅兵入收衆專於農也云四時各教民以其一焉者春教振旅夏教茇舍秋教治兵至冬大閲是各教民以一也　辨鼓至執鐲　釋曰此春夏秋三時各教其一必春辨鼓鐸

有鼓雷之類象仲春雷發聲於外言鼖鼓鐸鐲鐃之
用者此句與下文爲惣目也　注鼓人至其號　釋
曰鄭引鼓人職者欲見鼓人有六鼓四金據本各依
所用今此所用或有不依本者以其唯賁鼓鼓軍事
是依本主執路鼓軍將執晉鼓等並不依本用而在
軍兼用也先鄭云鼖鼓鐸鐲鐃之用謂鉦鐸之屬者
案司馬法云十人之長執鉦百人之師執鐸千人之
師執鼙万人之主執大鼓義與此同故引之爲證也
云鐲讀如濁其源之濁者此讀取音同之義濁其源
者淮南子云濁其源其流不清故讀從之云鐃讀如

讙嘵之嘵者從毛詩云以譴讙嘵云提讀如攝提之
提者從爾雅云寅為攝提格取音同而已云提謂馬
上鼓者此先鄭蓋據當時已有單騎舉以況周其實
周時皆乘車無輕騎法也後鄭云王不執賁鼓尚之
於諸侯也者案鼓人職賁鼓〻軍事計王在軍自為
元帥自合執賁鼓今不執賁鼓者見諸侯因朝而來
與王為賓客故讓之使執賁鼓故云尚之於諸侯王
既不用賁鼓而用路鼓者以其雷鼓靈鼓祭天地之
鼓不敢用故用祭宗廟之路鼓也軍將用晉鼓者是
鼓金奏與諸相應故也不用鼖鼓者鼓役事之故不

月云伍長謂之公司馬者雖卑同其號者案諸官大
夫乃與大官同號宰夫已下并上士中士下士皆不
得與大官同號今於序官大司馬之下上士得號行
司馬及在軍二十五人長中士號兩司馬五人長下
士號公司馬皆與大官同號者以司馬主軍之事至
嚴雖卑得同號也　以教至之節　釋曰案下大閱
礼備軍法虞人萊所田之野下又云中軍以鼙令鼓
鼓人皆三鼓已下有此坐作進退疾徐疏數之節彼
大閱具言矣此略說有此坐作之法此於教戰之處
爲之故鄭云習戰法也　遂以至祭社　釋曰案下

大閱禮遂以狩田以下云以旌為左右和之門羣吏各帥其車徒以敘和出左右陳車徒有司平之既陳乃設驅逆之車有司表貉于陳前此亦當如彼但春非大備故亦略言也言誓民者即下大閱礼羣吏聽誓於陳前鄭引月令司徒北面誓之是也云鼓者即下文中軍以鼙令鼓鼓人皆三鼓已下是也云遂圍禁者既誓令鼓而圍之云火弊者謂田止也云獻禽以祭社者此因田獵而祭非月令仲春祭社也　注春田至為禡　釋曰云春田為蒐者蒐搜也春時鳥獸孚乳搜擇取不孕任者故以蒐為名云有司大司

徒也者即大司徒職云大田役治其徒庶之政令故知有司是大司徒也云表貉立表而貉祭也者此即詩及爾雅云類也禡也師祭是也云誓民誓以犯田法之罰也者當司徒北面誓之時小子斬牲以左右巡陳也云誓曰無干車無自後射者此據漢田律而言無干車謂無干犯他車無自後射象戰陳不逐奔走又一解云前人已射中禽後人不得復射彼又云無面傷之等象降者不逆擊之云立旌遂圍禁者旌則下文大閱礼云旗居卒間者是也云旌弊者弊仆也田止旌則仆云争禽而不審者罰以假馬者謂獲

令曰所筭之筭之筭罰者謂效功時爭會不審即罰去其筭云禁者虞衡守禽之厲禁也者案山虞者云使地之民守其厲禁謂遮厲之禁不得非時入也若然案地官川衡小田獵之所無厲禁之事言衡者川林或有與山偎連者則亦有厲禁之事故連言之也

周禮疏卷第三十三

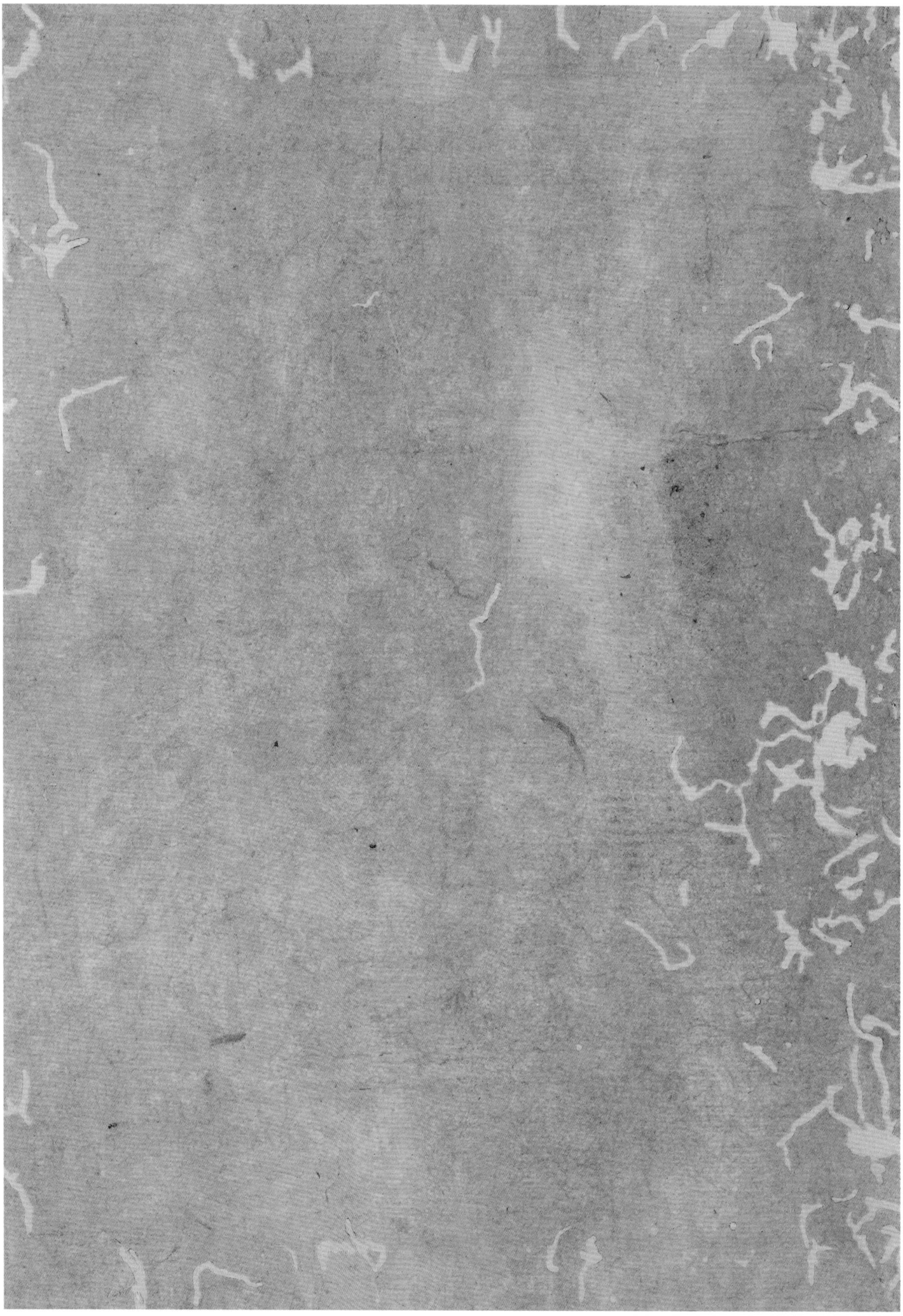

周禮正義

三十四之三十六

卌四之卌六

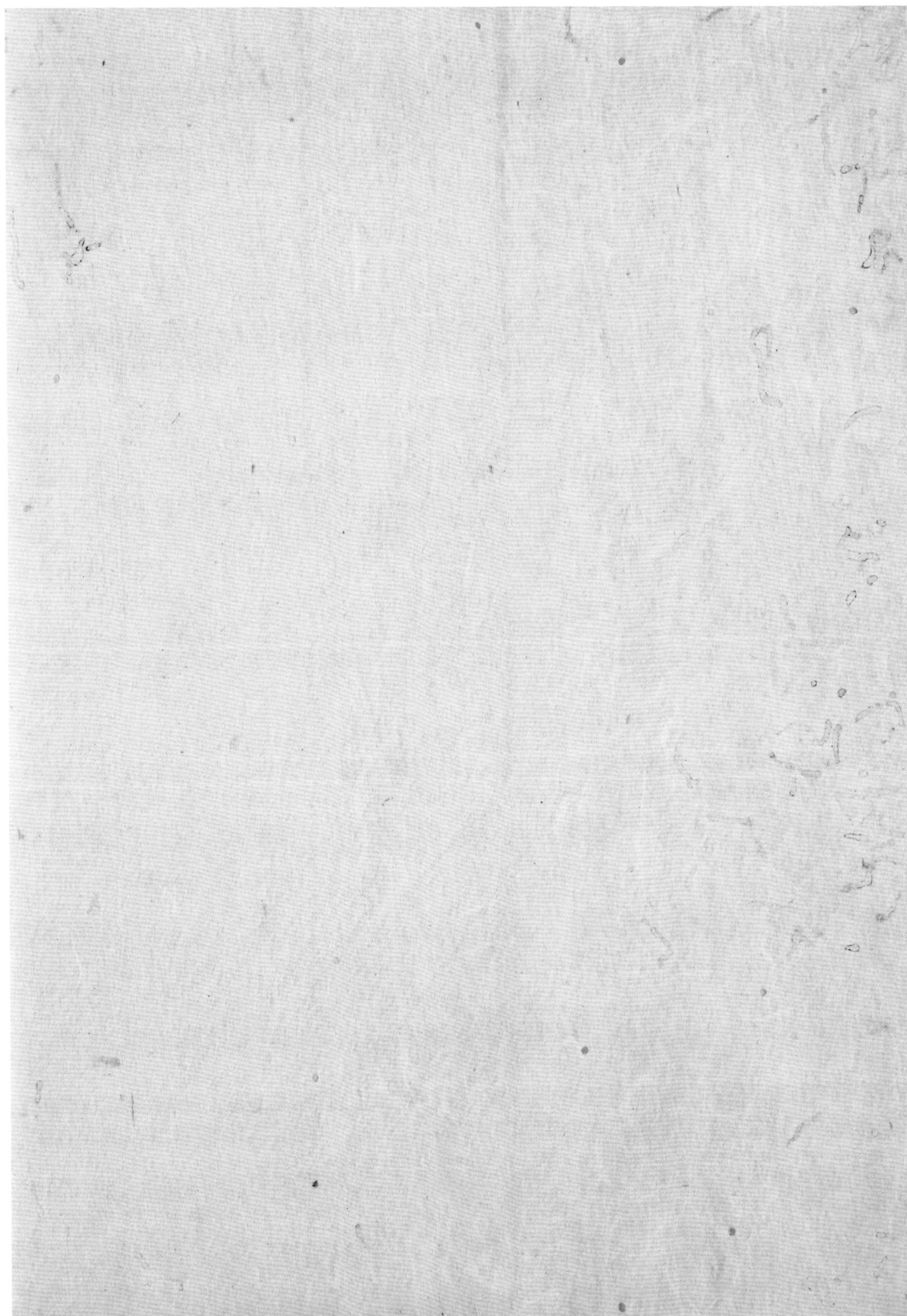

周禮疏卷第三十四

唐朝散大夫行大學博士弘文館學士臣賈公彥等撰

中夏至振旅　釋曰如振旅之陳者四時各教其一故春教振旅夏教茇舍但設經不可文〻具設故云如振旅之陳皆轉相如也云羣吏撰車徒者羣吏謂軍將至伍長各有部分皆選擇其在車甲士三人步徒七十二人之等云讀書契者書契謂兵士簿書之要契此小宰之八成云師田以簡稽一也云辨號名者此帥以門名已下是也　注茇讀至部職　釋曰茇讀如萊沛之沛者案王制云居民山川沮澤注云

沮謂萊沛時俗有水草謂之萊沛故讀從之也云茇
舍草止之也者以草釋茇以止釋舍故即云軍有草
止之法云數擇之也者以解撰爲數擇取其善者云
軍實之凡要者凡軍有三種或以俘囚爲軍實或以
戈盾弓矢爲軍實或以禽牲爲軍實今此所云軍實
者據兵器爲軍實凡要所名籍之總名也云號名者
徽識者即上注三者旌旗之細者也云所以相別也
者皆綴之於膊上以別死者也云鄉遂之屬謂之名
者言之屬即經云縣鄙是遂之屬從縣鄙至鄰里州
是鄉之屬從州至比長故言之屬以總之云家之屬

謂之號者謂都家之内從大夫至士云百官之屬謂之事者從王朝六卿已下至下士野以邑名鄭雖不言亦在鄉遂之例以其同是溝洫之人出軍出貢又箸故知亦入名中也其號也名也事也三者據經而言云在國以表朝位者即覲禮云上介各奉其君之旂置于宫者是也云凡此言以也象也皆謂其制同耳者以謂若經云帥以門名已下至野以邑名已上五者皆言以也惟百官云象是以也象也此亦者以象雖異其制則同皆小旌旗也云軍將皆命卿者欲解帥以門名之意也由鄉居於國門使爲軍將故軍

將得以門為名云古者軍將蓋為營治於國門者此
解軍將得以門為名者只由非常之急要在於門故
使卿在門住而營治其門故也云魯有東門襄仲者
案昭三十二年左傳云魯文公薨而東門遂殺適立
庶魯君於是乎失國公子遂字襄仲號為東門只居
東門宋有桐門右師者案春秋左氏傳昭二十五年
春叔孫婼聘於宋桐門右師見之注云右師宋卿樂
大心也其室居桐門故曰桐門右師是宋有桐門右
師也引之證將帥得以門名之事經直云縣鄙鄭知
鄙長者以其在軍之時從遂大夫已下至鄙長皆在

今略言縣鄙明皆有也云家謂食采地者之臣也者
食采地是公卿大夫其身在朝其臣在采地若公山
弗擾之類今隨主在軍故以家號爲名也鄉以州名
亦謂州長至比長者亦如六遂自鄉大夫已下至比
長皆在今略舉州爲首也云野謂公邑大夫者謂爲
四等公邑若載師職公邑自甸以出至五百里其長
二百里三百里如州長四百里五百里如縣正長下
皆有爵官在軍者皆以邑爲名云百官以其職從王
者謂三百六十官各以其職事從王在軍若大宰下
六十官隨其長從王皆以事爲號也云此六者皆書

其官與名氏焉者六者謂經五以一象假令爲官則
云大司徒下某官姓名某也云門則襄仲右師明矣
者經直云師以門名恐直以門爲名不加官與名字
諸官皆須名氏明門亦有官與氏名故云明矣云鄉
則南鄉甄東鄉爲人是也者甄與爲人皆當時鄉名
故舉以爲況云其他象此者此鄭略舉門名與鄉名
其他仍有縣鄙與家邦百官亦依此而稱焉云某〻之名
者即經云門縣鄙鄉野四者皆是某〻之名謂若門
名當云桐門右師之下某官某姓某甲之名三者皆
放此云某〻之號者即經云家以號名是也謂若魯

之費邑即云費邑之下某官某姓某甲之號云某之
事者即經云百官各象其事謂若地官之下則云大
司徒之下某姓某甲之事云未盡聞也者鄉來所釋
六者略聞帥以門名鄉以州名舉以爲況其餘未聞
故云未盡聞也云鄉遂大夫文錯不見者此經六遂
直云縣鄙不言遂六鄉言以州名雖見鄉亦不見鄉
大夫之身其文交錯不見鄉遂大夫故云文錯不見
也云以其素信於民者兵書孫子云素信者與衆相
得是也舊素與民相信者必情義相得故鄉遂之官
還使爲軍吏云不爲軍將或爲諸帥是以闕焉者盡

子云因內政寄軍令則鄉遂大夫已下至比長鄰長皆因為軍吏以領丰民在上或别使人為軍將則鄉遂大夫别領人為師帥旅帥以下經在軍吏帥以門名之內故闕鄉遂大夫也必知有别使人為軍將法有見外傳穆叔云天子作師公帥之以征不德詩曰周公東征四國是遑此並上公為軍將詩云韎韐有奭以作六師此乃諸侯世子為軍將田獵亦容如此於是時鄉遂大夫則為諸帥也若然案下文云師都載旜鄉遂載物注云鄉遂大夫或載旜或載物衆屬軍吏無所將也若謂鄉遂大夫全無武用則諸帥亦

不爲則是衆屬他軍吏已身全無所將故或載旝或載物不載旗義與此不違也云於是主別其部職者釋經以辨軍之夜事分別其當部當職不與外交雜也　遂以至享礿　釋曰在教戰之處辨號名既訖遂入防行苗田之法云如蒐之法者如上蒐時有司表貉誓民令鼓遂圍禁之等云車弊及以享礿二者則與春異以其春時火弊祭社此時車弊享礿也注夏田至在内　釋曰以其春夏爲陽主其生長故春田爲蒐搜取不孕任者夏田爲苗若治苗去不秀實者其義但春時主孚乳故以不孕任解之也云車

獘驅獸之車止也者夏田主用車示所取物希者春
秋左氏傳云彼徒我車懼其侵軼我也是車行遲取
獸少故知用車示取物希也引王制曰天子殺則下
大綏已下據殺訖而言毛詩傳云天子發抗大綏諸
侯發抗小綏者據始殺而言也云大夫殺則止佐車
王制注佐車驅逆之車案田僕云掌佐車之設驅逆
之車佐車似與驅逆之車別者但王制佐車與田僕
驅逆之車爲一其田僕佐車自是田車之貳曰佐佐
文雖同其義則異也若然驅逆之車言佐者能遂禽
故以佐言之云礿宗廟之夏祭也者大宗伯文云冬

夏田主於祭宗廟陰陽始起象神之在內者仲冬一
陽生仲夏一陰生是陰陽在內故神象之而行祭也
此祭因田獵獻禽爲祭若正祭自在孟月　中秋至
之陳　釋曰言教治兵者凡兵出曰治兵入曰振旅
春以入兵爲名尚農事秋以出兵爲名秋嚴尚威故
也云如振旅之陳者如春振旅時坐作進退疾徐疏
數之法也　辨旗至振旅　釋曰案下文注以出軍
之旗則如秋則此經是在軍旌旗也云各書其事與
其號焉者此二者即是仲夏百官各象其事及號名
之等此秋雖不具辨號名亦略舉之見四時皆有此

物也云其他皆如振旅者亦謂生作進退疾徐之法如振旅之陳也　注軍吏至雲氣　釋曰云軍吏諸軍帥也者亦謂從軍將至下伍長皆是軍吏也云師都遂大夫也鄉遂鄉大夫也者案司常云孤卿建旜大夫士建物則鄉大夫是卿建旜是其常師都載旜不嫌無鄉大夫故鄭直舉遂大夫也云鄉遂鄉大夫者以其遂大夫是中大夫建物是其常今鄉遂建物不嫌無遂大夫故鄭直舉鄉大夫也云或載旜或載物衆屬軍吏無所將也者鄉遂大夫若為軍將則在軍吏載旗軍中領衆乘時亦載旗今載旜載物不載

旗故知己之所管之衆屬他軍吏已無所將以其已無武用非直不爲軍將亦不爲諸帥故全無所將以是載旜載物而已若然既不爲軍吏遂大夫上得與鄉同載旜鄉大夫則是鄉下得與大夫同載物也以鄉遂大夫掌衆同故同載物也俱兩載者以其不爲軍將又不任鄉職鄉大夫尊卑之常當載旜載物而已故容其兩載也云郊謂鄉遂之州長縣正以下也者郊內有六鄉州長已下郊外有六遂縣正已下故知言郊有此二等人也云野謂公邑大夫者案載師職云公邑之田任甸地郊外曰甸甸則郊外曰野故

以野言之但公邑自甸以出至疆五百里有四等公
邑皆有大夫治之故司馬法云二百里如州長四百
里五百里如縣正是公邑大夫也 云載旟者以其將
羨卒也者以其六鄉之内上劑致民一家一人爲正
卒其餘皆爲羨卒 六遂之内下劑致甿家一人爲正
卒一人爲羨卒其餘爲餘夫正卒既屬吏其餘羨卒
使此州長已下等不爲軍吏者領之但公邑之内雖
不見有出軍之法若出軍亦當與鄉遂同以其得爲
溝洫法故也若出軍亦正卒使大夫等爲軍吏其餘
羨卒亦使不爲軍吏者領之云百官卿大夫也載旟

者以其屬衛王也者以其天地四時之卿大夫其屬
各六十有選當行衛守王者即是有象故載鳥隼之
旟云凡旌旗有軍衆者畫異物者即經天子諸侯軍
吏郊野百官是也云無者帛而已者鄉遂載旜物是
也云畫當爲畫事也號也皆畫以雲氣者事即上百
官言事號即上家言號不言名此亦有名文略耳云
畫以雲氣者鄭解經典言畫者皆以雲解之謂畫五
色雲也　遂以至祀祊　釋曰上文教戰班旗物訖
遂入防行獮田之礼其法如蒐田之法云羅獘致禽
以祀祊者秋田主用羅々止田畢入國過郊之神位

乃致禽以祀四方之神　注秋田至以方　釋曰云
祊當爲方聲之誤也者以祊乃是廟門之外内惟因
祭宗廟及明日繹祭乃爲祊祭今既因秋田而祭當
是祭四方之神故云誤也云秋田主祭四方報成万
物者以秋物成四方神之功故報祭之云詩曰以社
以方者詩大雅引之證方是四方之神也　中冬教
大閱　釋曰以冬時農隙故大簡閱軍實之凡要也
注春辨至閱實　釋曰云春辨鼓鐸已下欲見春
夏秋各教其一至冬大閱之時揔教之故云至冬大
閱軍實云凡頒旗物以出軍之旗則如秋以尊卑之

常則如冬司常佐司馬時也者以其王與諸侯所建
秋冬同又秋云軍吏建旗師都載旜鄉遂載物郊野
載旐百官載旟不言旞旌二者以其是出軍之法故
不言道車游車所載大閱之時見尊卑之常故司常
云孤卿建旜大夫士建物師都建旗州里建旟縣鄙
建旐道車載旞游車載旌此爲異也鄭云大閱備軍
礼而旌旗不如出軍之時空辟實者大閱雖備礼是
教戰非實出軍法是其空也秋教治兵治兵是出軍
法故寄出軍之旗於彼是冬之空辟實出軍法者也
趨謂閒中車職建大麾以田注田四時田獵謂業大

大司馬職四時皆建大常何鄭荅曰麾夏之正色周
雖習戰春夏尚生其時宜入兵夏本不以兵得天下
故建其正色以春夏田至秋冬出兵之時乃建大常
趙商又問巾車職曰建大白以即戎注云謂兵車司
馬職仲秋辨其物以治兵王建大常注凡頒旗物以
出軍之旗則如秋不知大白以即戎為何時荅曰白
者殷之正色王即戎者或命將或勞師不自親將故
建先王之正色異於親自將也　前期至戰法　注
羣吏鄉師以下　釋曰言前期者謂若大宰職云前
期十日此亦在教戰前不必要十日前也知羣吏鄉

以下者見鄉師職云凡四時之田前期出田法于州
里簡其鼓鐸旗物兵器脩其卒伍是其事也言鄉師
以下則不及鄉〻是鄉大夫則鄉也則可及州長故
州長職云若國作民而師田行役之事則帥而致之
掌其戒令與其賞罰黨正云凡作民而師田行役則
以其法治其政事族師亦云若作民師而田行役則
合其卒伍簡其兵器以鼓鐸旗物帥而至是其以下
之事也　虞人至皆坐　釋曰虞人者若田在澤〻
虞若田在山〻虞謂使其地之民於可陳之處芟除
草萊故云萊所田之野云爲表百步則一爲三表者

章下注引月令司徒北面以誓之此經云司馬建旗
於後表之中車徒皆坐則此於可陳之中從南頭立
表以北頭爲後表也　注鄭司農至聽誓　釋曰先
鄭云虞人萊所田之野芟除其草萊令車得驅馳者
謂芟除其田獵之處故云令車得驅馳引詩者證田
處草萊案王制云昆蟲未蟄不以火田則仲冬之時
放火田獵何須芟除草萊是以車攻詩毛傳云大芟
草以爲防然後焚而射焉是田處不得芟草萊故後
鄭易之以爲芟除可陳之處云後表之中五十步表
之中央者謂從南表至北表云表所以識正行列也

者於可陳之中央立此四表〻兩相各有三軍之衆至表則鬪一而坐而更起是表正行列也云積二百五十步者以三表之間有二百步又加一表五十步故摠爲二百五十步也云左右之廣當容三軍者天子六軍左右之地各容三軍此鄭據天子六軍整數而言其實兼羨卒之等故小司徒職云凡起徒役無過家一人惟田與追胥竭作鄭云國人盡行是非止六鄉之民六軍而已云步數未聞者但先南北二百五十步東西不言步數故云未聞也云皆坐當聽誓者下文即云聽誓於陳前故先當聽誓也　摹吏斬

之　釋曰云羣吏聽誓於陳前者士卒皆於後表北面坐羣吏諸軍帥皆在士卒前南向立以聽誓云斬牲以左右徇陳者從表左右向外以徇陳　注羣吏至是也　釋曰云羣吏諸軍帥者從軍將以至伍長謂象軍吏建旗者也引月令者證所誓者是司徒使司徒誓者此軍吏及士本是六鄉之民今雖屬司馬猶是已之民衆故使司徒誓之也云此大閱礼實正歲之中冬者周雖建子爲正及其行事皆用夏之正歲則此經中夏中春中秋中冬皆據夏法也云而説季秋之政於周爲中冬爲月令者失之矣呂不韋作

月令者以爲此經中冬爲周之中冬當夏之季秋故
說於季秋是失之矣案月令季秋云是月也天子乃
教於田獵以習五戎班馬政云注引中秋教治兵法
王載大常已下爲證不云失至此乃以月令是中冬
教大閲法而言爲月令者失鄭君兩解之以其彼云
司徒誓衆與此誓衆之等同故爲大閲彼爲治兵法
者以彼文授車以等級及命主祠祭于四方文與中
秋治兵者同故彼爲治兵法也云斬牲者小子職云
凡師田斬牲以左右徇陳是也云凡誓之大略甘誓
湯誓之屬是也者甘誓是啓與有扈戰湯誓是湯伐

築誓衆辭言之屬者仍有大誓柴誓之等故云〻之屬

中軍至皆坐　釋曰此經惣説聽誓既已將欲向

南第二表象戰陳初發西數此即仲春振旅疾徐坐

作之事一也　注中軍至過坂　釋曰中軍〻〻之

將也者此六軍三軍居一偏皆自有中軍也是以鄭

云天子六軍三〻而居一偏也言三〻者非謂如筭

法云三〻而九者直是兩箇三爲三而復三而已也

云羣吏既聽誓命各復其部曲者軍吏本各主其部

分曲別謂若伍長主五人兩司馬主二十五人卒長

主百人之等皆是部曲至於誓之時出向衆前聽誓

訖各復其部伍幸慰故云復其部曲也云中軍之將
令鼓者經云中軍以鼙令鼓故知中是中軍之將也
云鼓以作其士衆之氣者春秋左氏曹劌云一鼓作
氣再而衰三而竭是鼓以作士衆之氣也云鼓人者
中軍之將師帥旅帥也者案左氏成二年傳晉與齊
戰于鞌郤克傷於矢曰余病矣張侯曰師之耳目在
吾旗鼓進退從之於是右援枹而鼓之時郤克擊鼓
哀二年左傳鐵之戰趙簡子云伏弢嘔血鼓音不衰
是皆將居鼓下知兼有師帥旅師者案上文春辨鼓
鐸云軍將執晉鼓師帥執提旅帥執鼙皆是鼓人故

然是軍將師帥旅帥也其卒長執鐃已下皆金非鼓
也云司馬兩司馬也者以其上文云兩司馬執鐸故
然此經云司馬振鐸者是兩司馬也云以作衆者金
雖非鼓振之者亦是以作衆也云作起也既起鼓人
擊鼓以行之者鐸經車徒皆作鼓行也云伍長鳴鐲
以節之者上文云公司馬執鐲鼓人職云金鐲節鼓
故云伍長鳴鐲以節之也云伍長一曰公司馬者上
文云公司馬執鐲是伍長故云一曰公司馬也先鄭
云振讀如弄者直以振弄聲相近以振鐸謂之弄也
云謂如涿鹿之鹿者謂從史記黃帝與蚩尤戰于涿

鼜之鼜直取音同不從義也此是鼜〻然作聲也云掩上振之者以手在上向下掩而執之云止行息氣也者案鼓人云金鐸通鼓金鐃止鼓則金鐸是通鼓而云止行息氣者見經云振鐸即云羣吏弊旗故知金鐸亦得止行息氣也司馬法鼓聲不過閶以下者證鼓鼜與鐸聲之有異也　又三至如初　注春秋至之心　釋曰昭二十一年冬十月華登以吳師救華氏宋廚人濮曰軍志有之先人有奪人之心注云戰氣未定故也後人有待其衰注云待敵之衰乃攻是其衰也　鼓戒至三刺　注鼓戒至服敵　釋曰

此言乃鼓退者謂至南表軍吏及士卒迴身向北更
從南爲始也云鳴鐃且卻者此鳴鐃是以左氏哀公
傳鐵之戰陳子云吾聞鼓不聞金亦是鳴鐃退軍法
及其向北即更爲習戰之事故云及表乃止坐作如
初故鄭云習戰之礼出入一也 注鐃所至鳴鐃
釋曰云鐃所以止鼓者鼓人職云金鐃止鼓是也知
卒長鳴鐃者春辨鼓鐸云卒長執鐃是也云退自前
表至後表者經略言表則及表乃止坐作如初者趨
向北三表故鄭云自前表至後表也云鼓鐸則同者
鼓人三鼓兩司馬執鐸與向南時同以其習戰之礼

出入一也　云異者廢鐲而鳴鐃者前向南時云鼓行
鳴鐲此北向不言鳴鐲而言鼓退鳴鐃以其雖習戰
出入一猶衆退軍故鳴鐃也　遂以至為主　釋曰
此一節揔論教戰訖入防田獵之事故云遂以狩田
也　云以旌為左右和之門者六軍分三軍各處東西
為左右各為一門云以敘和出者以教戰處內故以
田處出云旗居卒閒者軍吏各領已之士卒執旗以
表之故旗居卒閒也　注冬田至居前　釋曰云冬
田爲狩言守取之無所擇者對春夏言蒐言苗有所
擇又秋者獮中殺者多對此圍守之此又多於獮故

得守名也云軍門曰和者左氏傳云師克在和不在衆田獵象戰伐故其門曰和門也云今謂之壘門者漢時軍壘爲門名曰壘門與古和門同故舉爲說云立兩旌以爲之者昭八年穀梁傳云秋蒐於紅正也又云艾蘭以爲防置旃以爲轅門以葛覆質以爲槷注云質椹也槷門中臬又云流旁握御轚者不得入注流旁握謂車兩轊頭各去門邊容握握四寸也又車攻詩傳云大艾草以爲防或舍其中褐纏旃以爲門裘纏質以爲槷門容握驅而入轚則不得入左者之左右者之右然後焚而射焉又云古者戰不出頃

田不出防是其事也云有司平之鄉師居門正其出入之行列也者案鄉師職云巡其前後之屯而戮其犯命者斷其爭禽之訟故知此經云有司皆是鄉師也云車徒異羣者出軍之時一車甲士三人步卒七十二人車徒同羣今在軍行列之時則車徒異羣故車人有異也　既陳至陳前　釋曰前經論陳車徒訖故此云既陳云乃設驅逆之車設訖即為表貉之祭於陳前也　注驅〻至僕也　釋曰云驅〻出禽獸使趨田者案王制云天子發諸侯發皆不云佐車者其實天子諸侯田時皆有驅逆之佐車直於大夫

言之者據終而言也知設此車是田僕者見田僕職云設驅逆之車故知也　中軍至左耳　釋曰此今鼓之事與上文教戰時大同惟徒銜枚爲異　注羣司至計功　釋曰鄭知羣司馬謂兩司馬者上文春辨鼓鐸云兩司馬振鐸故知之也云枚如箸銜之有繣結項中者雖無正文以意言之繣即兩頭繫也既有兩繫明於項後中央結之先鄭引詩云言私其豵獻肩于公一歲爲豵已下鄭答不從者豳詩毛傳之三歲曰豣此云四歲爲肩爾雅云豕生一曰特二曰師三曰豵又爾雅云麋牝曰麎無五歲爲慎又魏詩

云三歲曰特先鄭皆無可依據故不從也若然獮還
是麑之絶有力者也　及所至皆譟　釋曰云及所弊
者冬徒弊止之處謂百姓獵止　注鄭司農至喜也
釋曰引書曰者書傳文彼說武王伐紂時事　徒乃
至享烝　釋曰云致禽饁獸于郊者亦謂因田過郊
之神位而饋之　注徒乃至宗廟　釋曰月令季秋
天子既田云云者證彼祭禽于四郊與此饁獸于郊
為一物其實彼一解以爲是仲秋祭禽以祠祊爲一
也　及師至有罪　注師所至尚武　釋曰云師所
謂主巡守若會同者以對下文云若大師是出軍法

故鄭云未有敵不尚武也　若大至軍器　釋曰云
師執事涖釁主及軍器彼官釁之而大司馬臨之
注大師至神之　釋曰鄭知臨大卜者案大卜云掌
龜之八命一曰征故知也云司馬法曰上卜下謀是
謂參之者卜在廟又龜有神故云上卜謀人在下故
云下謀君居其中故云參也云主謂遷廟之主及社
主在軍也者曾子問云軍行則以遷廟之主行左傳
祝佗云軍行祓社釁鼓祝奉以從尚書云用命賞于
祖不用命戮于社皆是在軍者也　及致至之者
注比或至之也　釋曰先鄭云庀具也者先鄭從古

書庇後鄭不從以爲校次者凡物有數者皆須校次
乃知其不故不從其也云謂致鄉師致民於司馬者
據鄉師職知之且司馬用王大常者以上文大師王
親御六軍故司馬用王之大常致衆若王不親則司
馬自用大旗致之　及戰至賞罰　釋曰巡陳者司
馬當戰對陳之時巡軍陳眂其戰功之事知其有功
無功而行賞罰也若師至于社　釋曰云若師有功
則左執律右秉鉞以先者謂戰陳知有勝功訖乃執
律者示此律聽軍聲尅勝耳右秉鉞示威也　注功
勝至于齊　釋曰云律所以聽軍聲者大師職文彼

初出軍時大師執聽至此魁勝司馬執之先鄭引城濮之戰者僖二十八年晉文公敗楚於城濮兵入自振旅整衆而還歌愷樂而入晉彼諸侯法與此天子礼同故引爲證也趙商問夏官師有功則獻于社春官大司樂王師大獻則令奏愷樂注云大獻〻捷於祖不達異意鄭荅曰司馬主軍事之功故獻於社大司樂宗伯之屬宗伯主宗廟故獻于祖若然軍有功二處俱獻以其出軍之時告于祖宜于社故反必告也　若師至主車　注鄭司農至與社　釋曰春秋秦伯事左傳僖三十三年秦師襲鄭之事案彼僖三

十年秦晉圍鄭使燭之武説秦伯秦師退使杞子逢
孫楊孫戍鄭至僖三十三年秦使孟明視白乙丙西
乞術襲鄭將至鄭逢商人弦高將市于周詐之秦師
還至殽晉師與姜戎敗之獲三帥因之於晉〻舍三
帥還秦伯素服郊次鄉師而哭之是其事也玄謂厭
伏冠也者案下曲禮云厭冠不入公門彼差次當緦
小功之冠以義言之五服之冠皆厭以其喪冠反吉
冠於武上向内縫之喪冠於武下向上縫之以伏冠
在武故得厭伏之名案檀弓注厭冠喪冠其服亦未
聞若然先鄭引秦伯素服者彼據在國向外哭此則

從外向内不同故云其服未聞後鄭不破者已有檀
弓注此從破可知　王吊至則桐　注師敗至庶士
釋曰案宮伯云掌宮中士庶子注云士適子庶子其
支庶與此注云庶子爲卿大夫之子適庶俱兼則經
中士爲卿大夫士之身與宮伯注不同者彼宮正掌
卿大夫士身宮伯別掌士庶子ゝゝ爲適子支子明
矣此惟一文云吊勞士庶子不見別有吊勞卿大夫
士身故分之鄭望經爲注故不同也若然此注不云
士之子者以其卿大夫之適子爲王與后與士同故
親吊勞之士之子如衆人不得爲王及后如士故不

而勞之也　大役至賞誅　釋曰此謂築城邑之時封人慮事計功大司馬雖不掌徒役亦得與謀也屬其植者屬謂屬聚徒役計其人數付其丈尺以課其功也植者版榦之屬計其人數各使備足也　注大役至人數　釋曰先鄭以爲與慮事大司馬與在謀慮其事中後鄭從之增成其義案宣十一年楚令尹蔿艾獵城沂使封人慮事以授司徒注云封人司徒之屬官是封人慮事司馬與在謀慮中也春秋宋華元者案宣二年左氏傳云宋城華元爲植巡功注云植將主也先鄭云植謂部曲將吏屬謂聚會之後鄭

不從以爲植築城楨也屬賦丈尺與其用人數者案昭三十二年晉士彌牟營成周計丈數揣高卑度厚薄仞溝洫又云以令役於諸侯屬役賦丈又宣十一年計慮用人功之數以此知屬謂賦丈尺與人數也

大會至政令　注帥〻以從王　釋曰知帥〻以從王者案諸子職云若會同賓客作羣子從注云從從王是其事也

若大至六耦　釋曰王大射之時有諸侯來朝在京師者大司馬令之爲六耦　注

大射至六耦　釋曰云大射王將祭射于射宮以選賢也者案禮記射義云古者天子之制諸侯歲獻貢

士於天子天子試之於射宮而中多者得與於祭大射禮亦射於郊學宮中皆是為祭選士故去選賢也云王射三侯者司裘云王大射則共虎侯熊侯豹侯是也此大射是將祭而射故用諸侯為六耦若賓射射人亦用之耦但不用諸侯當用卿大夫為之燕射三耦自然用卿大夫已下為之　大祭至其祭　釋曰大祭祀謂天地宗廟此大祭據宗廟而言其中小之祭祀亦為之矣饗食謂諸侯來朝上公三饗三食之等行之在廟故與大祭祀同皆羞進魚牲　注牲魚至魚牲　釋曰云祭謂尸賓所以祭也若大祭祀

授尸祭饗食授賓祭祭之者魚之大臠即少牢下篇云主人主婦尸侑各一魚加膴祭於其上膴謂魚之反覆者公食大夫亦云授賓祭故云祭謂尸賓所以祭若王祭則膳夫云授王祭是也先鄭云大司馬主進魚牲者必使司馬進之者司馬夏官夏陰氣所起魚水物亦陰類故使司馬進之也　大喪平士大夫釋曰必使司馬平之者司馬之屬有司士主羣吏令王喪不得使司士故司馬平之　注鄭司農至其位　釋曰先鄭云平一其服也者後鄭不從者小宗伯已懸衰冠故後鄭以爲平者正其職與其位也

喪祭奉詔馬牲　注王喪至藏之　釋曰鄭知喪
祭是大遣奠者以其喪奠及虞卒哭喪祭之等無奉
送詔告惟有大遣奠入壙之時有奉送之事故知喪
祭是大遣奠耳　小司馬之職掌　注此下至數者
釋曰鄭知脫滅札爛文闕者見天官小宰地官小司
徒春官小宗伯之等職掌下其文多矣凡小祭祀之
言皆是於下摠結以此知此下脫滅札爛文闕也　言
脫滅者直據職掌下一經脫滅札爛文闕者以其下
經簡札爲韋編折爛闕落知漢興求之不得者此闕
與冬官所亡同但皆爲遭暴秦燔滅典籍漢興購求

遺書不得也云遂無識其數者以其無文遂無記識職掌以下之數耳

凡小至之法　釋曰云小祭祀已下至喪紀皆掌此小字對大司馬大祭祀之等大司馬之小會同謂諸侯使卿大夫來聘王使卿大夫與之會同言饗射師田皆是諸侯卿大夫來聘王還使卿大夫與饗燕及射師田之等也小喪紀者三夫人已下云掌事如大司馬之法亦如大司馬奉魚牲授其祭之等也

軍司馬至行司馬闕　釋曰軍司馬當宰夫肆師之等皆下大夫四人輿司馬當上士八人行司馬當中士十六人餘官皆無異稱此獨有

之者以軍事是重故特生别名此等皆與上同闕落之

周禮疏卷第三十四

周禮疏卷第三十五

唐朝散大夫行大學博士弘文館學士臣賈公彥等撰

司勳至其功　注賞地至爲差　釋曰知賞地是賞田在遠郊之内者以載師職云牛田賞田任遠郊之地故知也　知屬六鄉者以其遠郊内置六鄉故也　云以功大小爲差者以下文云輕重視功則賞地大小不定故知以功大小爲差　王功曰勳　注輔成至周公　釋曰知摶王業者以其言王繼王身而言明摶王之位業而說耳以周公攝政相幼君致大平還政成王是輔成王業之事故以周公託之但經之所

云不得專爲周公伊尹之等故別云若比擬之耳國功曰功　注保全至伊尹　釋曰鄭知保全國家者以其言國繼國而言故知是保全國家者也以伊尹比之者以湯時天下大平湯崩孫大甲即位不明政事伊尹爲數篇書以諫之諫既不入乃放之桐宮三年思庸復歸於亳國家得全故以伊尹擬之耳

民功曰庸　注法施至后稷　釋曰知法施於民者以其言民繼民言之先王之業以農爲本以后稷比之者周之先祖棄爲堯之稷官農人植嘉穀天下爲烈豈一手一足哉庸亦功也　有功故以

后稷擬之　事功曰勞　注以勞定國若禹　釋曰
知以勞定國者以其言勞搏勤勞施國而言堯遭洪
水下民昏墊國家不定命禹治之手足胼胝三過門
不入彌成五服國乃獲安故以禹擬之也　治功曰
力　注制法至咎繇　釋曰以其言治言力故知制
法成治出其謀力案虞書帝謂咎繇云蠻夷猾夏寇
賊姦宄汝作士五刑有服是咎繇制其刑法國家治
理故以咎繇擬之　戰功曰多　注克敵至前虜
釋曰知多是克敵出奇者以其言多是於衆之中比
校多少之事故知是克敵出奇比彼爲多者也漢之

二將見剋敵出奇之人故以擬之耳云司馬法曰上多前虜者彼亦是戰以功多爲上居於陳前虜獲俘囚故引以證多爲戰功者也此上六者皆對文爲義若散文則通是以春秋左氏云舍爵策勳彼戰還而飲至不云舍爵策多是通也明堂位云周公爲有勳勞於天下是周公德大有勳兼勞者也　凡有至詔之　釋曰云凡有功謂上六者故云凡以該之使司勳詔之者以其司勳知功之有無大小故也詔之謂詔司常書之又以辭使春官告神　注銘之至廟庭　釋曰言生則書於王旌以識其人與其功也者以

王建大常故云王旌必於王旌識功與人者王旌車上建之就旌上書之欲取表顯示人故也　引盤庚告其卿大夫者盤庚殷王欲遷往亳殷臣民有不肯者故告之云我不掩爾善所以者何茲予大享於先王之時爾祖其從先王與在享祭之中況爾見在不掩可知何不從我遷乎引漢法欲見古者祭功臣在廟庭也必祭功臣在冬之蒸祭者蒸者衆也冬時物成者衆故祭功臣衆彼書注以大享爲蒸嘗者此舉冬祭物成者衆而言其嘗時亦祭之也或可周時直於蒸時祭功臣殷時蒸嘗俱祭禮異故也　大功至其

貳　注貳猶至主賞　釋曰鄭知功書藏於天府者
天府職文也　掌賞地之政令　注政令謂役賦
釋曰鄭以政爲征〻稅也賞地在六鄉之内亦從溝
洫貢天子法其民亦從鄉之徭役之法　凡賞至眡
功　注功之大小不可豫　釋曰賞地在遠郊之内
有疆界未給者空之待有功乃隨功大小給之故云
不可豫也　凡頒至一食　注鄭司農至於臣　釋
曰先鄭意以參之一食者謂以下地可食三之一似
下地再易家得三頃歲種一頃食之故　以美田
爲采邑又以賞田與采邑爲一物後鄭不從者不以

美田　無文以言之又案載　家邑任
稍地小都任縣地大都任疆地自三百里已外為之
其賞田任在遠郊之內何得為一物故鄭不從也後
鄭云賞地之稅參分計稅王食其一也二全入於臣
者采地之稅四之一與小國入天子同今賞田三之
一一分入天子與次國三之一入天子同　惟加田
無國正　釋曰言無國征無稅入天子法其民出稅
入主則有之但加田未知所在或可與賞田同處以
其任田在近郊加田在遠郊可知也　注加田至無
正耳　釋曰知加田既賞之又加賜以田者以其文

承賞田之下即云加田故知賞田之外所加賜之田可知先鄭云祿田亦有給公家之賦貢舉漢法侯國有司農少府錢穀者漢法穀入司農錢入少府故舉以爲況祿田即采地之稅及賞田之等是也加田是加恩厚又不稅入天子凡大夫士賜地有四種大夫已上有采家邑任稍地之等是也又有賞田及加田載師又有仕田及王制圭田圭田即仕田是有四種礼記王制云大夫士有田則祭無田則薦少牢特牲是大夫有田者是知士亦有田之法也　馬質至物

賈　釋曰云馬質者質平也主平馬力及毛色與買

直之等　注此三至買直　釋曰云此三馬
買以給官府之使無種者馬有六種此三者無種買之
以給官府餘三者仍有種馬齊馬道馬其齊馬道馬
亦無種不買之者其種馬上善似母者其齊馬道馬
雖非上善似母者亦容國家所蓄育不買之也
綱惡馬　注鄭司農至習之　釋曰先鄭讀爲
以元其讎之元者案禧二十八年晉子犯曰背惠食
言以元其讎是也謂禁去惡馬不畜後鄭不從者此
馬質所掌皆買之無種何有惡馬禁去之類故不從
也　凡受至外否　注鄭司農至者罪

釋曰後鄭云旬内死者償以齒毛與賈受之日淺養失
之惡也者所受之馬謂給公家之使旬之内雖使之
過其任若養之善未能致死以其日少故也若養之
惡雖不重任亦能致死云旬之外死入馬耳償以毛
色不以齒賈任之過其任也者以其筋力既竭雖善
養之任載過多可以致死故云過其任也云其外否
者旬之外踰二十日死不任用非用者罪者以其行
使二十日以外馬力既竭雖齊其任養之善容得致
死故不償鄭見有三等　云以任齊其行以
任齊其行以意量之以為此解　馬及至其行　注

識　釋曰鄭知識其所載戴重及道里者
以其經云馬及行明授行者所載輕重及道里須齊
勞逸乃復用之不得并其勞逸也　若有至聽之
注訟謂至相負　釋曰知賣買之言者以馬質主買
馬故知之也　禁原蠶者　注原再至馬與　釋曰
云天文辰爲馬者辰則大火房爲天駟故云辰爲馬
云蠶書蠶爲龍精月值大火則浴其種者月值大火
謂二月則浴其種則内宰云仲春詔后帥外内命婦
始蠶于北郊是也若然祭義云大昕之朝奉種浴於
川注云大昕季春朔日之朝是建辰之月又浴之者

蓋蠶將生重浴之故彼下文即云桑於公桑之事是
也云是蠶與馬同氣者以其俱取大火是同氣也云物
莫能兩大者此莊二十二年左傳文案彼陳敬仲奔
齊〻侯使敬仲為卿敬仲其步也周史有以周易見
陳侯者陳侯使筮之遇觀之否曰是謂觀國
之光利用賓于王此其代陳有國乎不在此其在異
國乎下云若在異国必姜姓也姜大嶽之後也山嶽
則配天物莫能兩大陳衰此其昌乎引此者是無並
大之義也云禁再蠶者為傷馬與者二者既同氣不
可兩大而禁再蠶明恐傷馬無正文故云與以疑之

也　量人至如之　釋曰云掌建國之法者以其建國當先知遠近廣長之數故也云以分國爲九州者分國謂分諸侯之國爲九州假令土廣萬里中國七千七〃四十九方千里者四十九其一爲畿内其餘四十八〃〃州各得方千里者六是爲九州也至於中平通夷狄七千中国五千衰世通夷狄五千中國三千計脩可知故分國爲九州〃〃各有疆界故詩云帝命式於九圍是州各有圍限也云營國城郭者即匠人云營國方九里之類也云營后宮者謂若典命注公之宮方九百步天子千二百步之類也云量市朝

道巷者謂若匠人云市朝一夫經塗九軌巷及門渠
亦有丈數謂若門容二轍三个之等云造都邑亦如
之者謂造三等采地亦有城郭宮室市朝之等故云
如之但與之制度大小未必身往耳　注建立至諸
侯　釋曰云立國有舊法式若匠人職云者案匠人
有營國方九里夏后氏世室及左祖右社面朝後市
市一夫之等云分國定天下之國分也者以經云分
國謂爲諸侯國諸侯國有五百里四百里已下言爲
州謂九州有分界也　云后君也知非王后之宮者以
其不得先言后　以后爲君也　云言君容王與諸侯

者以其言分國是諸侯若云王師　諸侯故　王
與諸侯兩舍故也　營軍至所里　釋曰此爲出
軍之時所營量度之事　注軍壁至居也　釋曰云
軍壁曰壘者軍行之所擬停之處皆爲壘壁恐有非
常故云軍壁曰壘也先鄭云量其市朝州塗還市朝
而爲道也者先鄭意還市朝而爲道不釋州義故後
鄭不從以一州則一師每一師各向一處各立市朝
州即師皆有道以相湊之若然未必環遶爲路也云
軍社之主在軍者里居也者在軍不用命戮於社故
將社之石主而行所居皆有步數故職在量人　邦

國至藏之　注書地至遠近　釋曰鄭以地中有平
廣兼山川之等故云書地謂方圜山川之廣狹也云
書涂謂支湊之遠近者支謂支分湊謂鞣湊道塗有
支分及相鞣湊遠近也　凡祭至數量　釋曰云凡
者以其天地宗廟饗食事廣故云凡以該之饗食賓謂
若大行人上公三饗九獻之等饗賓獻有脯從若莚
行獻賓薦脯醢是也祭礼獻以燔從故揔之言也
注鄭司至燔也　釋曰先鄭云從獻者肉殽從酒也
後鄭不從者以肉殽從酒礼所不言案特牲少牢云
主人獻尸以燔從故後鄭據此以為從獻以燔詩云

傳

載燔載烈毛云傳火曰燔貫之加於火曰烈燔雖不
貫亦是炙肉故鄭云炙肉也云數多少也量長短也
者案儀礼脯十脡各長尺二寸是多少長短燔之數
量未聞　掌喪至俎實　釋曰謂於喪祭多據虞祭
而言此喪祭文連奠竁竁是壙內鄭以喪祭爲大遣
奠解之是以大司馬喪祭亦爲遣奠也　注竁亦至
於旁　釋曰案冢人云請度甫竁竁穿壙之名此言
奠竁則奠入於壙是以云所包遣奠也引士喪禮下
篇者即既夕禮是也云藏苞筲於旁者苞謂苞牲取
下體者苞二是也藏筲者即既夕禮云筲三黍稷麥

並藏之於椁旁引之者證喪祭奠入壙之事也　凡
宰至飲之　釋曰云凡宰祭者冢宰攝祭非一故云
凡也　注言宰至冢宰　釋曰鄭云冢宰佐王祭
亦容攝祭者義得兩含案大宗伯云若王不與祭祀
則攝位注云王有故代行其祭事重掌者此據宗伯
亦有故則冢宰攝之先鄭云斝讀如嫁娶之嫁直取
音同引明堂位者證斝是器名周獻用玉爵無用斝
故後鄭云斝讀如嘏尸之嘏讀從少牢尸嘏主人亦
特牲云嘏者長也大也謂使主人受長大之福　已
具於鬱人職但此有歷字者謂鬱人與量人歷皆飲

之也　至肉豆　注鄭司農至豚解也　釋
曰先鄭云羊肆體薦全烝也者既不爲豚解則先鄭
讀爲肆陳之肆又爲賜音也先鄭爲體薦全烝後鄭
不從者以此經祭用羊是用大牢爲宗廟之祭非祭
天案外傳云禘郊之事則有全烝王公立飫則有房
俎是以知宗廟之祭不得全烝也是故礼運云腥其
俎孰其殽注云腥其俎豚解而腥之孰其殽體解而
爓之又云退而合亨體其犬豕牛羊是祭宗廟不得
有全烝也是以後鄭讀肆從鬄羊鬄者所謂豚解也
所謂有所謂士虞礼記云主人不視豚解豚解之法

則士喪禮特豚四鬄去蹄謂四段解之殊肩髀如解
豚故名豚解若然大夫士祭自饋孰始故正祭即體
解爲二十一體喪事略則有豚解其天子諸侯之祭
有腥有爓有孰故初朝踐有豚解而腥之饋獻則有
體解而爓之酳尸乃有孰與大夫士不同也　而
掌至五祀　注故書至字與　釋曰先鄭云珥以牲
頭祭漢時祈禱有牲頭祭後鄭不從者案礼記雜記
釁廟之礼云門夾室用雞其衈皆於屋下衈既爲釁
礼此刉與衈連文則刉亦是釁礼非祭祀之法何得
爲牲頭祭乎是以後鄭爲釁法解之玄謂珥讀爲衈

祈或爲刉者以釁法無取於玉明及祈禱之義故依
士師刉衈爲正也鄭知刉衈爲釁禮之事約雜記而
知也云用毛牲曰刉羽牲曰衈者此相對而言雜記
廟用羊門用雞皆云衈散文通也知刉衈是社稷五
祀始成其宮兆時也者凡物須釁者皆謂始成時是
以雜記云廟成則釁之是也云春官肆師職祈或作
幾者鄭欲見字有參差非一之義云秋官士師職曰
凡刉衈則奉犬牲此刉衈正字與者刉從刀衈從血於
義合故以此爲正字也　凡沈至其牲　注鄭司農
至之也　釋曰先鄭云沈謂祭川是以引爾雅爲證

案爾雅云祭山曰庪懸祭川曰浮沈此浮沈之祭當
祭天之煙祭社之血亦謂歆神節先鄭引月令季春
令者證古辜是辜磔牲體之義彼注九門者王之五門
外有國門近郊門遠郊門關門為九云後攘者謂候
四時惡氣攘除去之也　釁邦器及軍器　注邦器
至豭豚　釋曰鄭以軍器別言即云邦器者是礼樂
之器也鄭云礼器者即射器之等樂器即鐘鼓之等
祭器即簠籩豆俎簋尊彝器皆是引雜記宗廟器成釁
之以豭豚者證此等所釁亦用豭豚也　凡師至徇
陳　釋曰此即上文誓衆之時斬牲以左右徇陳是

此職也　祭祀　至徹焉　釋曰賛羞謂若上文司馬職
云祭祀羞魚牲之等此官即賛之云受徹焉者謂祭
畢諸宰君婦廢徹之時則此官受之　羊人至飾羔
釋曰凡正祭皆用成牲今言祭祀飾羔則非正祭
用羔是以鄭引詩爲證云四之日者謂用建子爲正
至建卯四月夏之二月之日去始用冰啓開冰之時
先獻羔祭韭而啓冰室乃出冰也　祭祀至其首
注登升至于室　釋曰知升首於室者見郊特牲云
用牲於庭升首於室注云制祭之後升牲首於北墉
下云報陽者首爲陽對足爲陰祭祀之時三牲之首

但升此特言羊者以其羊人所升不升餘牲故言羊也　凡祈珥共其羊牲　釋曰犬人共犬此云共羊或羊或犬但得為釁故兩職各共之也　賓客共其法羊　注法羊至之羊　釋曰鄭知法羊是為此等者以其言法即是依法度多少送於賓館及道路是以掌客致於賓館有上公飧五牢饔餼九牢及殷膳大宰致於道路有五積之等其饗食及燕連賓自饌陳者不言之也　凡沈至羊牲　注積故至賫柴　釋曰先鄭不從故書眦故讀從水漬後鄭不從漬軍器者以此羊人所共共小子職彼云釁邦器及軍器

以此知不得爲瀆軍器也後鄭云積々柴禋槱燎實
柴歷言此三者以互而相通皆須積柴實牲幣煙氣
上聞故也但祭天用犢其日月已下有用羊者故武
將詩云惟牛惟羊惟天其祐之彼亦據日月以下及
配食者也　司爟至時疾　釋曰云掌行火之政令
者即四時變國火及季春出火等皆是也云四時變
國火以救時疾者火雖是一四時以木爲變所以禳
去時氣之疾也　注行猶至之火　釋曰先鄭引鄹
子書論語注引周書不同者鄹子書出於周書其義
是一故各引其一言春取榆柳之等舊師皆以爲取

五方之色同故用之今案藥書雖赤榆柳不青槐檀不黑其義未聞　季春至如之　注火所至内火

釋曰鄭知出火内火據陶冶火者以其上經四時變國火據食大明此春秋據陶冶故引春秋傳為證也云民隨國而為之者釋民咸從之義云鄭人已下案左氏昭六年三月鄭人鑄刑書士文伯曰火見鄭其災乎火未出而作六月丙戌鄭災是其後有火昭十七年梓慎曰火出於夏為三月於商為四月於周為五月夏數得天正先鄭云三月本時昬心星見於辰上使　出火　九月本昬心星伏在戌上使民内火者

爨

心星則大火辰星是　月諸星後在半位在卯三月半之昏心星始将未必出見卯南九月半始之黄昏心星亦未必伏戌上皆據月半後而言云春秋傳曰以出内火者左氏傳襄公九年文　時則施火令注焚萊之時　釋曰上言行火政此又言施火令則不掌火禁故鄭云焚萊之時其火禁者則宫正云春秋以木鐸脩火禁注云火星以春出以秋入因天時而以戒司烜亦云仲春以木鐸脩火禁于国中彼二官直掌火禁不掌火令　凡祭祀則祭爟　注報其至祭爨　釋曰鄭云礼如祭爨者祭爨祭老婦也

則此祭爟謂祭先出火之人　凡國至罰焉　注野
焚至放火　釋曰國失火謂在國中民失火有罰若
今民失火有杖罰野焚萊有罰者大司馬仲春田獵
云火弊鄭云春田主用火因除陳生新則二月後擅
放火則有罰也　掌固至之守　釋曰云掌脩城郭
溝池者謂環城及郭皆有溝池云樹渠者非直溝池
有樹兼其餘渠上亦有樹也云之固者捴城郭已下
數事皆是掌固之事也云頒其士庶子者即宮伯所
云士謂卿大夫士之適子庶子其支庶彼據宿衛王
宮此掌固所頒亦據衛王宮而言以其庶子不食城

郭之處用之以掌固是固守之官故兼掌宿衛之事
也　注樹謂至用之　釋曰云衆庶氏遮守固者也
者謂使守城郭之所及要塞之處也先鄭引國語者
案楚語云靈王為章華之臺伍舉諫為臺榭云瘠磽
之地於是乎為之城守之木於是乎用之是其事引
之者證城有守法　設其飾器　注兵甲至亦然
釋曰鄭知經飾器是兵甲之屬者以其掌器是防禦
之器故知是兵甲之屬也云今城郭門之器亦然者
漢時城郭門守器所飾亦若今城郭門傍所執矛戟
皆有帾飾之等是也　分其至稍食　注財用至祿

稟　釋曰云財用者謂所用之財物分與之明是以
財所給守吏為守事之用者也云稍食祿稟者所守
之處官及民合受官食月祿稟者所守之處守月給
米稟與之故謂之稍食也　任其至材器　注任謂
至藩落　釋曰云民之材器其所用塹築及為藩落
者對上文財用謂官之財物此云民之材器明材是
材木用為楨榦以捶塹築作所用及不築處即用材
為藩落籬落以遮障也　凡守至足者　注凡守至
佐也　釋曰云凡守者士庶子及他要害　守吏此
鄭還據上文士庶子及衆庶之守而言云他要

所守　常處除此有要害之處若殽皋
河漢要路之所皆為他要害也通守政者兵甲役財
難易多少轉移相給者鄭據上文飾器而言變材器
言役材者欲見材器是民役之材非財用者云其他
非是不得妄離部署者此則釋經惟是得通之言其
餘非所通之外皆不得離其本處也晝三至如之
釋曰此乃掌固設法與所守之處非是掌固自巡行
之也　夜三鼜以號戒　釋曰此乃掌固設法與所
守之處言以號戒者使擊鼜者所以號呼使戒守耳
注杜子春至擊鼜　釋曰引春秋者案昭二十年

衛侯如齊齊侯使公孫青聘衛賓將掫注謂行夜不作趣者彼賈服讀字與子春音者子春已上有注鼜讀爲憂戚之戚是戒守者使有憂戚故謂此鼓爲鼜也　若造至守法　注都邑亦爲城郭　釋曰謂三等采地言亦爲城郭有阻戒守爲城郭而言故亦如上王國然也　凡國至如之　釋曰此經爲上經而設仍兼見王國而言故國都雙言之言王國及三等都邑所在境界之上亦爲溝樹以爲阻固郊亦如之若據王國有近郊遠郊亦有溝樹以爲固　民皆有職焉　釋曰此亦兼上王國及都合守之處其

民皆職任使勞逸遞守也　若有至固之　釋曰謂
上諸有祈造溝樹爲固之處值有山川之處則因之
不須別造　注山川至河漢　釋曰殽謂若殽有二
陵阜謂若東城阜謂若東城阜漢謂若楚謂齊云楚
國漢水以爲池河爲四瀆之險又齊西有濁河皆因
之爲固可知　司險至道路　釋曰序官注國曰固
野曰險是掌固掌在國城郭則司險掌畿外阻固故
云司險也　注周猶至梁之　釋曰云山林之阻則
開鑿之者謂若禹鑿龍門之類川澤之阻則橋梁之
者謂若十月車梁成之類是也　設國至道路　釋

曰此五溝五塗而言樹之林以為阻固皆有守禁則
非遂人田間五溝五塗但溝塗所作隨所須大小而
為之皆準約田間五溝五塗其溝上亦皆有道路以
相之湊故以五溝五塗而言之也　注五溝至落也
釋曰遂溝至道路皆遂人文故遂人云夫間有遂
遂上有徑十夫有溝々上有畛百夫有洫々上有塗
千夫有澮々上有道万夫有川々上有路是也　國
有至達之　釋曰國有故之時恐有姦寇故藩塞阻
路而止行者云以其屬守之者謂使同陕之　胥徒
四十人之屬守其要者其餘使其地之民為守也

有節者達之者節謂道路用旌節也　注有故至姦
故
寇　釋曰鄭知有故是喪災及兵者喪謂王喪災謂
水火兵謂寇戎之等有故使守慎惟此而已故以此
三事解之　候人至候人　釋曰言各掌其方之道
治與其禁令以設候人者以其上士六人下士十有
二人徒百有二十人以道路多故設官及徒亦多也
列國譏者案周語定王使單襄公聘于宋遂假道於
陳以聘於楚時候不在境司空不視塗膳宰不致餼
司里不授館單子歸以告王曰陳侯不有大咎國必
亡言譏者正謂陳侯不有大咎國必亡者也詩云彼

候人等荷戈與祋者荷揭也祋殳也引此二者證候人在道之事鄭言候人者選士卒以爲之者卽徒百二十人皆是甲士與步卒之內爲之也若有至于竟 注方治至送之 釋曰方治其方來治國事者也者謂國有事不能自決當決於王國或有國事須報在上皆是也引春秋者案襄二十一年晉欒盈出奔楚過周々西鄙掠之辭於行人曰天子陪臣盈得罪於王之守臣將逃罪々重於郊甸無所伏竄敢布其死昔陪臣書能輸力於王室若不棄書之力亡臣猶有所逃若棄書之力將歸死於尉氏惟大君命焉

主使司徒禁掠棄氏者歸所取焉使候出諸轘轅彼云候鄭君以義言之故言候人也　環人掌致師注致師至復之　釋曰云古者將戰先使勇力之士犯敵焉者案文十二年秦伯伐晉秦人欲戰秦伯謂士會曰若何而戰對曰若使輕者肆焉其可注云肆突言使輕鋭之兵往驅突晉軍隱九年北戎侵鄭公子突曰使勇而無剛者嘗寇而速去之注云勇則能往無剛不恥退云春秋傳者宣十二年左氏傳晉楚交戰楚許伯御樂伯已下謂凡平兵車之法射者在左御者在中戈盾在右菆矢之善者摘猶飾也掉猶

正也言折馘執俘者死者取左耳曰馘生者曰俘執取之云皆行其所聞而復之者去時作言及至晉師皆行其所聞之事而復反此亦勇而無剛之人引之者證致師之事也　察軍慝　釋曰案莊二十五年左氏傳云惟正月朔慝未作彼以慝為陰氣則此慝亦是陰姦也彼陰私為姦取此軍之事往彼言之故察而執之　環四方之故　注卻其至禦侮　釋曰此則訓環為卻卻其以事謀來侵伐此國者也云所謂折衝禦侮者謂彼國來衝能折服之彼國來輕侮能禦之故云折衝禦侮也　巡邦國諜賊　注諜賊

圣国　釋曰云巡邦國　謂巡諸侯邦之内有諜
賊搏捉取之言課殺者謂間伺此國之善惡諜ゝ然
傳道之言反間者謂間伺反於彼言之也此諜賊即
上軍慝之類彼據主国此據邦国故異言之　訟敵
國　注敵国至如師　釋曰云若齊国佐者成公二
年晉伐齊晉師至袁婁齊侯使國佐致賂晉人不可
曰必以蕭同叔子爲質而使齊之封内盡東其畝對
曰蕭同叔子非他寡君之母也若以匹敵則亦晉君
之母也今吾子布大命於諸侯而曰必質其母以爲
信其若王命何又曰先王疆理天下物土之宜而布

其利下云今吾子疆理諸侯而曰盡東其畝而已唯
吾子戎車是利無顧土宜其無乃非先王之命也乎
晉於是退師是説敵國之事故引為證也 揚軍旅
注爲之至鷹揚 釋曰引詩者大雅文王詩言大
公為大師可尚可父武王伐紂之時大公奮其威武
惟如鷹之揚擊是揚威武之事故引為證也 降圍
邑 注圍邑至降郭 釋曰案公羊傳莊公三十年
秋七月齊人降鄣々者何紀人之遺邑也是紀入齊
之時不從至後乃降引之證降是圍邑之事也 挈
壷氏至令糧 釋曰皆云挈者謂絜之於竿首挈々

然故云挈也先鄭注具不復疏之也　凡軍至月夜
注鄭司農至八箭　釋曰先鄭云懸壺以爲漏者
謂懸壺於上以水沃之水漏下入器中以浸刻爲准
法云以序聚欜以次更聚擊欜備守也者先鄭意持
更人擊欜云謂擊欜兩木相敲行夜時也者謂行夜
者擊之案脩閭氏掌比國中宿互欜者先鄭云欜謂
行夜擊欜野廬氏云若有賓客則令守塗地之人聚
欜之司農云聚欜之聚擊欜以宿衛之也彼二注後
鄭皆從先鄭及至此注不從先鄭者以野廬氏無夜
行者脩人自擊故後鄭從之此文與脩閭氏同有行

夜者故此不從先鄭宿者自擊之是以宮正云夕擊
柝而比之注云行夜以比直宿者先鄭云柝戒守者
所擊也是亦為行夜者所擊也云代亦更也禮未大
斂代哭者未殯已前無問尊卑皆哭不絕聲大斂之
後乃更代而哭亦使哭不絕聲大夫以官士親疏代
哭人君尊又以壺為漏分更相代云分以日夜異晝
夜漏也者若冬至則晝短夜長夏至則晝長夜短二
分則晝夜等晝夜長短不同須分之故云異晝夜漏
也云漏之箭晝夜共百刻冬夏之間有長短焉者馬
氏云漏凡 刻春秋分晝夜各五十刻冬至晝則四

十刻夜則六十刻夏至晝六　刻夜四十刻鄭注堯典云日中者日見之漏與不見者齊日長者日見之漏五十五刻於四時最長也夜中者日不見之漏與見者齊日短者日見之漏四十五刻於四時最短此與馬義異以其馬云春秋分晝夜五十刻據日見之漏若兼日未見日沒後五刻晝五十刻夜四十五刻若夏至晝六十刻通日未見日沒後五刻則晝六十五刻夜三十五刻一年通閏有三百六十五日四分日之一四時之間九日有餘校一刻爲率云大史立成法有四十八箭者此據漢法而言則以器盛四十

八箭〻各百刻以壺盛水懸於箭上節而下之水水
漉一刻則為一刻四十八箭有蓋取倍二十四氣也
及冬至沃之　注鄭司農至徧也　釋曰沃如沃
尸盥之沃謂沸水稍熱澆沃壺中使下也

周禮疏卷第三十五

周禮疏卷第三十六

唐朝散大夫行大學博士弘文館學士臣賈公彥等撰

射人至夫鴈　釋曰三公特北面者君南面荅陽臣之北面荅君三公臣中最尊故屈之使北面荅君之義孤東面者西方者賓位以孤無職尊而賓客之故在西也卿大夫西面者以其皆有職故在東在東近君君為主位也　注位將至禮同　釋曰知位是將射始入見君之位者此射人唯論射事大射諸侯禮亦然故知將射見君始入見君之位也云不言士此與諸侯之賓射士不與也者無臣祭無所擇不得自大

射得與君大射故司裘職大射不言士也　案下文士豻侯二正則士得自行賓射不得與君賓射矣引燕礼者欲見天子諸侯朝燕射三者位同之義云凡朝燕及射臣見於君之礼同者以儀礼内諸侯有燕朝及射朝不見正朝周禮内天子有射朝與正朝不見燕朝諸侯射朝與燕朝位同則天子燕朝亦與射朝位同則諸侯正朝亦與射朝位同是天子諸侯三朝各自同故鄭引儀礼見天子諸侯互見爲義耳　諸侯至其　釋曰案司几筵云凡封國命諸侯大饗射王立扆前南鄉司服云　先公饗射則鷩冕鄭注

云饗射饗食賓客與諸侯射也此云王與之射言在朝當皮弁又何得有裘所以然者彼二者據大射在學故有著冕在裘之事此賓射在路門之外朝故與彼異也　注謂諸至禮儀　釋曰云從三公位者諸侯南面之尊故亞之從三公位也云法其礼儀者謂在朝進退周旋拱揖之儀也　若有至其事　注謂王至與期　釋曰知國事是王有祭祀之事者以其諸侯來朝未歸而有戒令詔相之事大宗伯祭事皆云詔相故知是祭祀之事云戒令告以齋與期者齋謂散齋期謂祭日也　掌其治達　注謂諸至下之

釋曰如鄭注意則治達之中非直諸侯有治于王
王之有治亦下達於諸侯也　以射至二正　注射
法至行立　釋曰此則賓射在朝之儀言射法王射
之禮者此經兼有諸侯臣各在家與賓客射法各自
有官掌之射人但作法與之耳首云射法者是射人
所掌王射之禮言王射以别諸侯已下之射也云治
射儀謂肄之也者言治則非是正射之語謂若大宗
伯云治其大禮皆是習禮法故鄭云肄之肄則習也
先鄭云三侯虎熊豹後鄭不從云容者乏也者此言
容儀禮大射鄉射之等云乏故云容者乏也言容者

據唱獲者容身於其中據人而言云乏者矢至此乏極不過據矢而説也云九節析羽九重設於長杠也者若是析羽九重設於長杠即是獲旌當與三獲三容相依何得輒在翳虞之下既在翳虞請下明當是歌之樂節故後鄭不從也云二侯熊豹也者後鄭亦不從也云豻侯豻者獸名也獸有貙豻熊虎者此皆獸類故舉言之也玄謂三侯者五正三正二正之侯也者大射賓射侯數同皆約大射云大侯九十糝侯七十豻侯五十而言云二侯者三正二正之侯也者謂七十五十弓者也云一侯者二正而已者據大夫士

同一侯二正五十弓而已云此皆與賓射於朝之礼也者案鄉射記云於境則虎中龍旜謂諸侯賓射之礼彼又云唯君有射國中其餘臣則否注云臣不習武事於君側則臣皆不得在國射若然在朝賓射唯有天子而云此皆與賓射於朝之礼者謂諸侯已下賓射在己朝不謂於天子朝行此賓射之礼也云考工梓人職曰張五采之侯則遠國屬已下至五正之侯也引之者破先鄭以此五正之侯為虎熊豹但梓人有三等侯云張皮侯而棲鵠人司裘云虎侯熊侯皆大射之侯也梓人又云張五采之侯則遠 屬及

此五正　賓射之侯也梓人又云張獸侯則王
以息燕及鄉射記云天子熊侯白質之等皆燕射之
三射各有其侯而先鄭以彼侯釋正侯非也云正之
言正也射者内志正則能中焉者此意取義於射義
司裘注更有一釋爲鳥名解之也云畫五正之侯中
朱已下皆以相剋爲次向南爲前故先畫朱知三正
去玄黄二正朱緑者皆依聘禮記繅藉而言三采者
朱白蒼二采者朱緑也云其外之廣皆居侯中參分
之一者此亦約梓人云參分其廣而鵠居一焉彼據
大射之侯若賓射之侯亦當參分其廣正居一焉九

十步者侯中丈八尺七十步者侯中丈四尺五十步
者侯中一丈也云今儒家云四尺曰正二尺曰鵠々
乃用皮其大如正此說失之矣者賓射々正大射々
鵠儒家以正鵠爲一解故鄭破之云鵠乃用皮其大
如正不得爲一故云此說失之矣云大射禮豻作干
者見大射經作干侯彼注亦破從豻云讀如宜豻宜
獄之豻者此讀與彼音同云豻胡犬也者謂胡地之
野犬云士射則以豻皮飾侯下大夫也大夫以上與
賓射飾侯以雲氣知義如此者此賓射正用二采而
言豻侯明於兩畔以豻皮飾之故得豻侯之名知大

夫已上用雲氣者鄉射記云凡畫者丹質注云賓射之侯燕射之侯皆畫雲氣於側以爲飾必先以丹采其地是賓射大夫已上皆畫雲氣其大射之侯兩畔飾以皮故鄭直言賓射燕射云用采各如其正者其側之飾采之數各如正之多少也云九節七節五節者奏樂以爲射節之差者九節者五節先以聽七節者三節先以聽五節者一節先以聽尊者先聽多卑者少爲差皆留四節以乘矢拾發云言節者容侯道之數者謂若九節者侯道九十弓七節者侯道七十弓五節者侯道五十弓也云樂記曰明乎其節之志

不失其事則功成德行立者證道遠近亦為節也此射義文云樂記者誤也　若王至三侯　注鄭司農至大夫　釋曰此射人主賓射兼主大射之事故為大射張侯也先鄭云貍步謂一舉足為一步於今為半步者此言於射張侯義無取故後鄭不從是以後鄭為貍善搏物解之云侯道者各以弓為度九節者九十弓已下者案鄉射記鄉侯五十弓弓二寸以為侯中彼據鄉射之侯一侯五十弓者而言若大射三侯云九十七十五十亦是據　為數弓之上尺六寸中制六尺三寸下制六尺〻〻與步相應

鄭連引大射　約同諸侯故更引司裘天子三侯以會之諸侯糝侯知豹鵠而麋飾者以司裘云諸侯熊侯豹侯卿大夫麋侯畿外不得純如天子近侯已用豻則大侯不得用虎侯明大侯用畿內諸侯熊侯為之其中豹侯麋侯則諸侯兼此二侯乃俻糝豹尊於麋明以豹麋為鵠以麋為飾耳不純用豹麋者下天子大夫故也　王射至取矢　釋曰此文承賓射大射之下則王射之人皆令去侯立於後以矢行告卒令取矢　注鄭司農至負侯　釋曰先鄭云射人主令人去侯所者不辨其去侯之人故後鄭增成其

義其貧侯之人是服不氏也又引鄉射直云司馬命負侯不言官者大夫士家無服不氏家臣爲之故也天子射人無其事故引大射之等爲證也　祭侯則爲位　注祭侯至受爵　釋曰案大射礼使服不氏負侯將祭侯之時先設位於侯西北北面服不氏於位受得獻訖乃於侯所北面祭侯故引大射受獻之位爲證也　與大史數射中　注射中至視筭　釋曰數筭大史數之射人但視之耳故引大射爲證大射諸侯礼謂之司射天子謂之射人司射恒執張弓搢扑但今將視數筭故適階西　釋去弓并去扑倚於

階西襲乃適中南北面視數筭也　佐司馬治射正
注射正射之法儀也　釋曰射之威儀乃是礼之正
故名射儀爲射正也司馬所主射儀謂若命去侯命
取矢乘矢之等皆當佐之言治者亦謂預習之類也
祭祀至法儀　注烝嘗至劉云　釋曰鄭知烝嘗之
礼有射豕者據逸烝嘗者礼而知云國語曰禘郊之
事天子必自射其牲者據祭天之時牲則犢也若然
宗廟之祭秋冬則射之春夏否也祭天則四時常射
天尊故也是以司弓矢共王射牲之弓矢此射人贊
射牲也諸侯已下則不射楚語云劉羊擊豕而已云

今立秋有貙劉云者漢時苑中有貙劉即爾雅貙似貍劉殺也云立秋貙殺物引之者證烝嘗在秋有射牲順時氣之法　會同至爵者　釋曰作使也有會同朝覲王使公卿有事於會同則射人使大夫為上介使凡有爵者命士以上為衆介也　注作讀至賤者　釋曰鄭讀作如作止爵之作者讀從特牲少牢三獻作止爵案彼主人主婦二獻尸訖賓長為三獻尸爵止鄭注云欲神惠之均於室中使主人主婦致爵訖三獻則賓長也賓長作延前所々止之爵使尸飲之讀從者取動　使之義也　大師至倅車　注

倅車戎車之副　釋曰大師謂王出征伐王乘戎路副車十二乘皆從王行則使有爵者命士已上乘之知倅車戎車之副者戎僕云掌王倅車之政鄭云倅車之副也　有大至夫從　注作者至諸侯　釋曰大賓客不言會同則是秋冬覲遇并春夏受享在廟之時從王見諸侯也　戒大至夫介　注戒〻至氏右　釋曰此謂王有命使三公命諸侯及衣服就賜之時則射人戒大史及大夫與諸公爲介注引覲礼者證王使諸公就館賜侯氏之法云大史氏右者謂於西階東面之時大史在公之右命侯氏也是以公

羊傳曰命者何加我服錫者何賜也 大喪至罰之
釋曰作大夫掌事者謂王喪宜各有職掌比其廬
者謂若宮正所云親者貴者居廬當比其手服親疏
及貴賤 注僕人至開之 釋曰知僕人大僕也者
見大僕掌內朝射人掌正朝掌事是同周礼又更無
僕人職故知是大僕是以鄭云僕人與射人俱掌王
之朝位也云王崩小斂大斂遷尸於室堂者始死於
北墉下遷尸於南牖下又云小斂於戶內是遷尸於
室小斂訖遷尸於戶外又遷尸大斂〻〻於阼階大
斂訖又遷尸於西階以入棺是遷尸于堂也云朝之

象也者君所在臣朝之故云朝之象也引檀弓者證射人與僕人君之疾甍皆是二人之事彼鄭云卜當為僕即僕人也　服不氏至擾之　注猛獸至不服　釋曰猛獸云之屬者兼有豺狼貔貅之等故云之屬教馴之象天下皆服王者之教無不服故也　凡祭祀共猛獸　注謂中至不執　釋曰上云養猛獸則猛獸皆養之此言祭祀所共據堪食者故鄭云謂中膳羞中膳羞唯有熊狼故引獸人與春秋為證案内則亦云狼臅膏可食也春秋傳者宣公二年晉靈公之時宰夫胹熊蹯不熟殺之趙盾諫之時也賓客

賓客至抗皮　注鄭司農至以東　釋曰朝聘布皮帛者案聘礼行享礼之時皮帛布於庭使服不氏舉皮以東抗即舉也故引爲證也讀爲亢其讎之亢者讀從僖二十八年城濮之戰子犯云背惠食言以亢其讎引之者取亢舉之義也後鄭引聘礼者增成先鄭義二人者即服不氏也射則至待獲　注贊佐至以獲　釋曰引大射者證服不氏佐量人巾車張侯之事後鄭云待獲待射者中舉旌以獲者以獲則大射礼唱獲者居乏中々則舉旌以宮下旌以商者是也故不從子春待爲持也　射鳥　掌射鳥　注鳥

謂至之屬　釋曰知中膳羞者以上文猶獸有共祭祀此下文云祭祀敺烏鳶烏鳶不中膳羞則敺之此經直云射烏明是中膳羞者也鄭知鳧鴈鴇鴞者內則云舒鳧翠鴈腎鴇鴞胖此等去翠腎胖是可膳羞者也云之屬者兼有雉鶉鷃之等也祭祀至如之　釋曰賓客會同敺烏鳶者以其會同皆有盟詛之禮殺牲之事軍旅亦有斬牲巡陳之事故須敺烏鳶

射則至取之　注鄭司農至并夾　釋曰射皆三番第一番唯有六耦三耦誘射雖中不獲第二第三皆衆耦共射皆釋獲有取矢之法先鄭引弓矢職直有

大射燕射不言賓射亦同大射並射也　羅氏掌羅烏鳥　注烏謂至之屬　釋曰鄭知烏卑居者見小弁詩云弁彼鷽斯歸飛提々注云鷽卑居卑居雅烏云鶻者即山鵲卑居之類云之屬者兼有餘鳥也

蜡則作羅襦　注作猶至遺教　釋曰先鄭所云其義得矣後鄭增成之言蜡者直取當蜡之月得用細密之罔羅取禽獸故後鄭云此時火伏十月之時火星已伏在戌將墊者畢矣引王制者證十月蜡祭後得火田有張羅之事云今俗放火張羅其遺教者漢之俗間在上放火於下張羅承之以取禽獸是周礼

之遺教則知周時亦上放火下張羅也中春至羽物
注春鳥至賦賜　釋曰此文仲春行羽物案司裘
職云仲秋獻良裘王乃行羽物彼注云仲秋鳩化為
鷹仲春鷹化為鳩順其始殺與其將止而大班羽物
若然則一年二時行羽物但彼注云此羽物小鳥鶉
雀之屬鷹隼所擊者此注云春鳥若今南郡黃雀之屬
不同者各舉一邊互見其義　掌畜掌養鳥　注阜
猶至之屬　釋曰云鳥之可養使盛大蕃息者謂鵞
鶩之屬者鶩即今之鴨民間所畜故云焉　祭祀共
卵鳥　注其卵可薦之鳥　釋曰還謂上經鵞鴨之

屬其雞亦在焉　歲時貢鳥物　注鶡鴈至時來
釋曰不言鶩鵞雞者所畜非貢物故以野鳥為貢者
也　共膳獻之鳥　注雉及鶉鴽之屬　釋曰此言
堪膳而獻者唯有此等是以內則及公食大夫上大
夫二十至有雉兔鶉鴽云之屬者更有餘鳥也　周
礼夏官下　司士至之數　釋曰云掌羣臣之版者
謂畿內朝庭及鄉遂都鄙羣臣名籍云以治其政令
者即損益之數辨其年歲貴賤之等是也云歲登下
其損益之數者三年黜陟者是也　云辨其年歲者知
羣臣在任及年齒多少也　云與其貴賤者大夫已上

貴士已下賤也云周知邦國都家者邦国謂周之千
七百七十三国也都家謂天子畿内三等采地大都
小都家邑是也先邦國都家者尊諸侯故也亦如大
宰云布治于邦国都鄙亦先邦國也縣鄙者謂去王
国百里外六遂之中也不言六鄉者舉遠以包近云
鄉大夫士者即謂朝庭及邦國都家縣鄙之臣數摠
言之也云士庶子者亦如宮伯鄉大夫之子謂適子
庶子其支庶宿衛王宮者也云之數者邦国已下摠
結之也　注損益至名籍　釋曰云損益謂用功過
黜陟者即三年大比以功過黜陟者也云縣鄙鄉遂

之屬者縣鄙屬遂故云之屬其中兼鄉中之州黨故鄉遂並言也　以詔王治　注告王所當進退　釋曰知詔王治是告王所當進退者司士掌群臣之數只為賞罰進退以勗勵之故知告王治唯謂進退之也以德至奠食　釋曰云以德詔爵以功詔祿者據賢者試功之後其德堪用乃詔王授之以正爵有功乃詔王授之以正祿也云以能詔事以久奠食者奠定也據能者先試之以事事成乃定以稍食其能堪用乃後亦詔授之以正爵祿　注德謂至祿之釋曰云德謂賢者者即大司徒云以鄉三物教万民

而賓興之三物謂六德六行六藝有六德六行即為
賢者有六藝即能者鄉大夫云三年則大比而興賢
者能者鄭云賢者有德行者能者有道藝者云食稍
食也者月給食不併給故云稍食也云賢者既爵乃
祿之者以經先云以德詔爵後云詔祿也云能者事
成乃食之者以經先云詔事久乃定之以食也此二
者互見其事自古以來任之者皆試乃爵之則賢者
有先試之以事乃後詔爵能者既試有功亦授之以
爵所以賢者先言正爵能者先言試事者欲見尊敬
賢者故先言正爵卑退能者先言試事故鄭云賢者

既爵乃祿之能者事成乃食之也　引王制者欲見能者須試乃授正爵之義云辨論官材者司馬使司士分辨其論官其材之法云論進士之賢者以告於王而定其論者云進士者謂學中之造士業成可進受官爵升之於司馬則曰進士司馬乃試論量考知賢者告王乃定其論云論定然後官之者謂試官也云任官然後爵之者謂正爵也云位定然後祿之者謂正祿也此即先試乃爵之事也

唯賜無常　注賜多至常品　釋曰案司勳云凡賞無常輕重視功彼謂有勳勞據功大小與之賞此不據功但時有恩

而賜之故多少中　不由功大小也去不如祿食有
常品者案王制下士視上農夫食九人中士倍下士
上士倍中士大夫倍上士之等是祿有常品上云以
久奠食稍食亦日月有常品也　正朝至西上
釋曰經所云上者皆據近王爲上不據陰陽左右也
注此王至隸僕　釋曰云此王日視朝事於路門
外之位者對彼大僕職路寢庭有燕朝〻士職庫門
外有外朝而言也但彼外朝斷獄弊訟并三詢之朝
有諸侯在焉諸侯既在西方右九棘之下孤避之在
東方羣臣之位西面也其餘三公卿大夫等仍與此

位同也云王族故士故爲士者此云故爲士封新升試士未得正爵者爲新士不得留宿衛也云晩退留宿衛者宿衛之人皆不得與凡羣臣同時出故云晩退留宿衛必知此故士是宿衛者以其與虎士同位明是宿衛者也云未常仕雖同族不得在王宮者以經稱王族故士明非仕者不得在王宮也知大右是司右者案司右掌羣右此云大右是右中之大明是司右也知大僕從是小臣祭僕之等者以其云大僕從者謂從大僕案大僕職下即有小臣祭僕御僕隸僕等者是小臣已下者也　司士擯　注詔王至

朝者　釋曰知擯是詔王出揖公卿大夫以下朝者
以其王迎諸侯為擯是大宗伯及小行人肆師之等
非司士之職此上文云公卿大夫士等朝事下文云
王揖此中間云司士擯明為詔王出揖之事也　孤
卿至門右　注特揖至在下　釋曰此皆先入應門
右北面其士入應門即就西方東面位不待王揖其
大夫已上皆待王揖乃就位也云特揖一一揖之者
對旅揖衆揖之也孤得揖乃就西方東面位卿得揖
乃就東方西面位大夫得揖乃就卿後西面位云大
夫爵同者衆揖之者庶官有中大夫下大夫無間多少

少俎爵同者衆揖之爵同中大夫　同得一揖爵同下
大夫同得一揖故云爵同者衆揖之也云公及孤卿
大夫始入門右皆北面東上者此王臣無正文約燕
礼大射諸侯礼卿大夫皆始入門右北面東上得揖
乃就位士發在其位故知王臣亦然是以鄭云王揖
之乃就位羣士及故士大僕之屬發在其位若在外
朝士從東方西面也云羣士位東面南鄉而揖之者
但上經不見羣士位鄭知羣士位東面者亦約燕礼
大射諸侯之士西廂東面而知且約故士虎士~~虎士~~宿衛
者門西南面明　不宿衛者東面可知位既東面明

知旁三揖者西南鄉揖之云三揖　士有上中下者
序官文既有三等故旁三揖耳案礼器有以少爲貴
者諸侯視朝大夫特士旅之此云大夫旅與彼不同
者彼諸侯臣少大夫與卿同特揖士乃旅揖之此天
子臣多故大夫亦旅揖亦是以少爲貴也云王揖之
皆逡遁者約鄉黨而知云既復位者謂得揖乃皆復
位也若然上文别三公位及此經不言三公直言孤
卿者亦舉輕以明重孤卿尚特揖明三公亦特揖可
知故不見三公也先鄭引春秋者哀二年左氏傳初
衛侯遊於郊子南僕公曰余無子將立女不對他日

又謂之對曰鄙不足以辱社稷君其改圖君夫人在
堂三揖在下君命祇辱注云三揖卿大夫士引之者
證所揖尊卑不同　大僕前　注前正至之位　釋
曰鄭知前謂前正王視朝之位者以大僕職云王視
朝則前正位而退入亦如之上文引大僕位在門左
南面今云前明從本位前就王正視朝之位可知也
王入内朝皆退　注王入至則同　釋曰王視
朝訖王入路門於路寢聽事其羣臣等各退向治事
之處云王之外朝則朝士掌焉者鄭欲見天子諸侯
皆有三朝之意玉藻諸侯礼云朝于内朝者謂路門

外朝為内朝對皐門内應門外朝為外朝通路寢庭
朝為三朝故朝士職注云周天子諸侯皆三朝外朝
一内朝二也云王日視朝皮弁服有司服職文對諸
侯視朝々服則玄冠緇布衣素裳緇帶素韠也云其
礼則同者天子諸侯唯服别其視朝之礼則同也
掌國至戒令　注國中城中　釋曰云國中之士治
者謂朝廷之臣及六鄉之臣皆是所有治功善惡皆
掌之以擬黜陟此城中士則鄉大夫摠皆號為士若
濟々多士文王以寧之類但比同士々既摠屬則此
一職　士者皆臣摠號唯有作士適四方使為介士

者是單士不兼卿大夫故別言尚證又作六軍之士
是甲士自餘諸臣之摠號耳　掌擯至其摯　注擯
士至膳人　釋曰此云士亦是卿大夫士摠號為士
云擯士告見初為士者於王也者謂初得命為卿大
夫士執摯見於王司士擯相之使得見王也先鄭云
膳其摯者王食其所執羔鴈之摯後鄭增成其義也
云膳者入於王之膳人故其職云凡祭祀致福受而
膳之以摯見者亦如之是也　凡祭至進之　釋曰
云凡祭祀掌士之戒令者謂群臣有事於祭祀皆掌
其齊戒告令也云詔相其法事者謂告語擯相其

行礼之事云及賜爵者謂祭末旅酬無筭爵之時皆有酒爵賜及之皆以昭穆爲序也　注賜爵至有序釋曰鄭知賜爵神惠及下者祭統云祭有十倫之義凡賜爵昭爲一穆爲一是神惠及下也云此所賜王之子姓兄弟者以其呼昭穆而進之云昭穆明非異姓是同姓可知姓生也子之所生則孫及兄弟皆有昭穆引祭統是諸侯明天子亦然凡言昭穆在助祭之中者皆在東階之前南陳假令祖行爲昭子行爲穆孫行還爲昭曾孫行還爲穆就昭穆之中皆年長者在上年幼者在下故云齒也　帥其至俎豆

爓

釋曰此割牲兼羞俎豆不言祭祀亨食之事則凡有割牲及進俎豆者皆為之　注割牲至進也　釋曰言割牲制體也者若據祭祀則禮運云腥其俎孰其殽體其犬豕牛羊之類鄭彼注云腥其俎謂豚解而腥之為七體是也孰其殽謂體解而爓之為二十一體是也體其犬豕牛羊鄭云謂分别骨肉之貴賤以為衆俎也更破使多孰而薦之若據饗則左氏傳云王饗有體薦蓋有折俎是也　凡會至如之　注作士至王者　釋曰云作士從者謂選可使從於王者此士亦謂卿大夫皆是也　作士至為介　注士使

至歸脤　釋曰云士使謂自以王命使也者此而行
夫職云美惡而無禮者即有使士特使法而使士與
行夫等共行是以引石尚之事為證云介大夫之介
也者謂聘禮大夫為次介其餘皆士介天子使大夫
下聘諸侯亦使士為介若使卿大夫則射人作之故
云有大賓客作卿大夫從注云作者使從王見諸侯
彼雖不云會同明會同亦與賓客同可知也春秋者
左氏公羊皆有其事故公羊云石尚者何天子之士
也注云天子之士也注云天子上士以名氏通是也
大喪作士掌事　注事謂奠斂之屬　釋曰始死則

有奠及至小斂大斂朝夕朔月月半薦新遷廟祖奠大遣奠等皆是未葬已前無尸不忍異於生皆稱奠葬後反日中而虞有尸即謂之爲祭此經直云事不云祭祀明據奠斂之屬也　作六至執披　注作謂至旁三　釋曰云六軍之士者即六鄉之民以其鄉出一軍六鄉故名六軍之士也但鄭以天子千人而云六軍者以天子千人出自六軍故號六軍之士非謂執披有七万五千人也云披柩車行所以披持棺者柩車則蜃車云披者車兩旁使人持之若四馬六轡然故名持棺者爲披也云有紐以結之載者喪大

記云纁載者是也先鄭意彼者扶持棺險者也者先
鄭意蜃車行恐逢道險者有傾覆故 險也云
天子旁十二諸侯旁八大夫六士四者無所依據後
鄭不從 玄謂結披必當棺束於束繫紐者謂蜃車兩
旁皆有柳材其棺皆以物束之故云天子諸侯載柩
三束大夫士二束 彼喪大記不言天子此言者欲見
天子無文約與諸侯同也 謂之載者彼大記注云載
之言值也所以連繫棺束與柳材使相值因而結前
後披也披結於紐故引喪大記君纁披六已下其蜃
車柳與中央棺束 數等人君三 大夫士二 大記云君

纏披六大夫四披者皆是禮文故圍數兩傍言六言四也士禮小無文故據一旁而言二若然大夫亦圍數兩旁言四直云人君者據尊者而言也　凡士至去守　注守官不可空也　釋曰此文承大喪之下令哭無去守則大夫士有使役守當雖同爲天子斬衰不可廢事空官故令哭不得去守也　國有至其守注故非喪則兵災　釋曰知非喪者以上文已言大喪明此是兵災非喪也　凡邦至爵禄　注任其所掌治　釋曰此言稽士任文承邦國即是邦國之卿大夫士摠曰士也據其所任而進退其爵禄但諸

侯之臣進退應是諸侯當國爲之令於天子司士而言者但司士作法與之使諸侯自黜陟耳非謂司士自黜陟也　諸子至其倅　釋曰云掌國子之倅者倅謂副代父則國子爲副代父者也　注故書至朝位　釋曰先鄭云國子謂諸侯卿大夫士之子也者王制云王大子王子羣后之大子卿大夫元士之適子皆造焉則王大子王子亦曰國子不言者彼不據諸子職而言故含有王大子王子以四術成之故文王世子成王猶在學〻君臣父子長幼之礼也此據諸子主國子致與大子使用故不得通王大子王子

也引燕義云在者周天子之官有庶子官與周官諸
子職同文者彼燕義本釋燕礼之事但燕礼有庶子
執燭及獻庶子之文更不見餘義故記人欲釋燕礼
庶子之義故取天子諸子職解庶子諸侯復訓爲衆
天子之諸子諸侯之庶子皆掌卿大夫士之適子〻
〻衆多故云諸或言庶諸庶通名故天子諸子爲庶
子也玄謂四民之業而士者亦世焉者此齊語桓公
謂管仲曰成民之事若何管仲對曰民無使雜處公
曰處士農工商若何管仲曰昔者聖王之處士就閒
燕處工就官府處商就市井處農就田野少而習焉

其心安焉桓公曰士之子恒為士農之　為農工
之子恒為工商之子恒為商是四民之業　世也引
之　之　亦入仕色也案王制大夫不世今亦
有仕入世者以大夫有功德亦得世　故詩云凡周之
士不顯亦世也云國子者是公卿大夫士之副貳者
増成先鄭義云戒令致於大子之事者即下文是也
云教治脩德學道也者云教故知脩德學道也經云
辨其等謂才藝高下等級也國子所學道德即師氏
職三德三行并保氏六藝者是也云位朝位者謂朝
大子時依文蔭高下為列也　國有至弗正　釋曰

云大事下有兵甲之事則此大事謂祭祀也故左氏傳云國之大事在祀與戎此經二事當之也　注軍法至賦之　釋曰軍法從五人爲伍至万二千五百人爲軍有六節今注直云百人與五人略舉之耳云不賦之解經正爲賦稅謂不賦田稅者也　凡國正不及　釋曰上文云弗正謂兵賦此云國正謂鄉遂之中所有旬徒力征之等並不及也　大祭至之體注正謂朼載之　釋曰案特牲少牢移鼎入陳取有一人鼎中匕出牲體一人在鼎西北面載之於俎既言正六牲之體明是此二事也　凡樂至彝器　注

位佾處　釋曰云凡樂事者則諸作樂有舞之處皆
使正舞人八八六十四人之位并授舞者之器文舞
則授羽籥武舞授干鏚之等云位佾處者卽謂天子
八佾諸公六佾諸侯四佾之等也　大喪至子從
注從於王　釋曰云大喪正羣子之服位謂在殯宮
外內哭位也正其服者公卿大夫之子爲王斬衰與
父同故雜記大夫之子得行大夫禮故也云會同賓
客作羣子從者作使也使國子從王也　凡國至退
之　釋曰云凡國之政事者謂國內有繇役之事皆
是也云國子存遊倅使之脩德學道者謂國有事時

此國子存遊暇無事之倅中使脩德學道二事也云春合諸學者謂於大學之中使之學也云秋合諸射者使在射宮習射也云以考其藝者考校才藝長短云而進退之者才藝長進與官爵才藝短者退之使更服膺受業也注遊倅至造焉　釋曰倅是副代已是未在仕復云游々是游暇亦是未仕之稱云學大學也者周礼若言異代之學則舉其學名即成均瞽宗之類今此直言學明是周之大學也周礼文大學在國中即夏后氏東序在王宮之左也云射射々宮也者射義云已射於澤然後射於射宮射宮即國之小

學在西郊則虞庠是也王制曰春秋教以礼樂
以詩書者案　鄭注云春夏陽也詩樂者聲〻亦
陽也秋冬陰也書礼者事〻亦陰也因時順氣於功
易成也云王大子王子羣后之大子卿大夫元士之
適子國之俊選皆造焉者若王之子得適庶俱在學
若羣后畿內諸侯已下則庶子賤不得在學故皆云
適子也引之者證貴賤皆在教科也　司右至政令
注羣右至道右　釋曰知司右右主此三右者案下
文云車有五等右唯三故下注云齊右兼玉路之右
戎右兼田右等也　凡軍至其右　注合比至卒伍

釋曰右軍旅據征伐會同謂時見曰會殷見曰同三者皆合車之卒伍云合比屬謂次第相安習也者省謂教習使安隱也云車亦有卒伍者案宣十二年傳云其君之戎分為二廣廣有一卒卒偏之兩司馬法曰二十五乘為偏又云以百二十五乘為伍注伍重故百二十五乘是其車之卒伍也　凡國至政令

注勇力至救長　釋曰云勇力之士屬焉者選右當於中者但車右須得勇力之士若選右不於中何因屬司右故鄭為此釋也引司馬法曰弓矢圍者圍城時也殳矛守者守城時也戈戟助者謂圍守皆用戈

戟助之云凡五兵長以衛短〻以救長者圍者以弓矢禦長戈戟爲短守者亦以戈戟爲短以殳矛爲長故云長以衛短〻以救長使力相得也此五兵據勇力之士所用下注車之五兵則無弓矢而有夷矛是也

周禮疏卷三十六

周禮正義
三十七之三十八

廿七之卅八

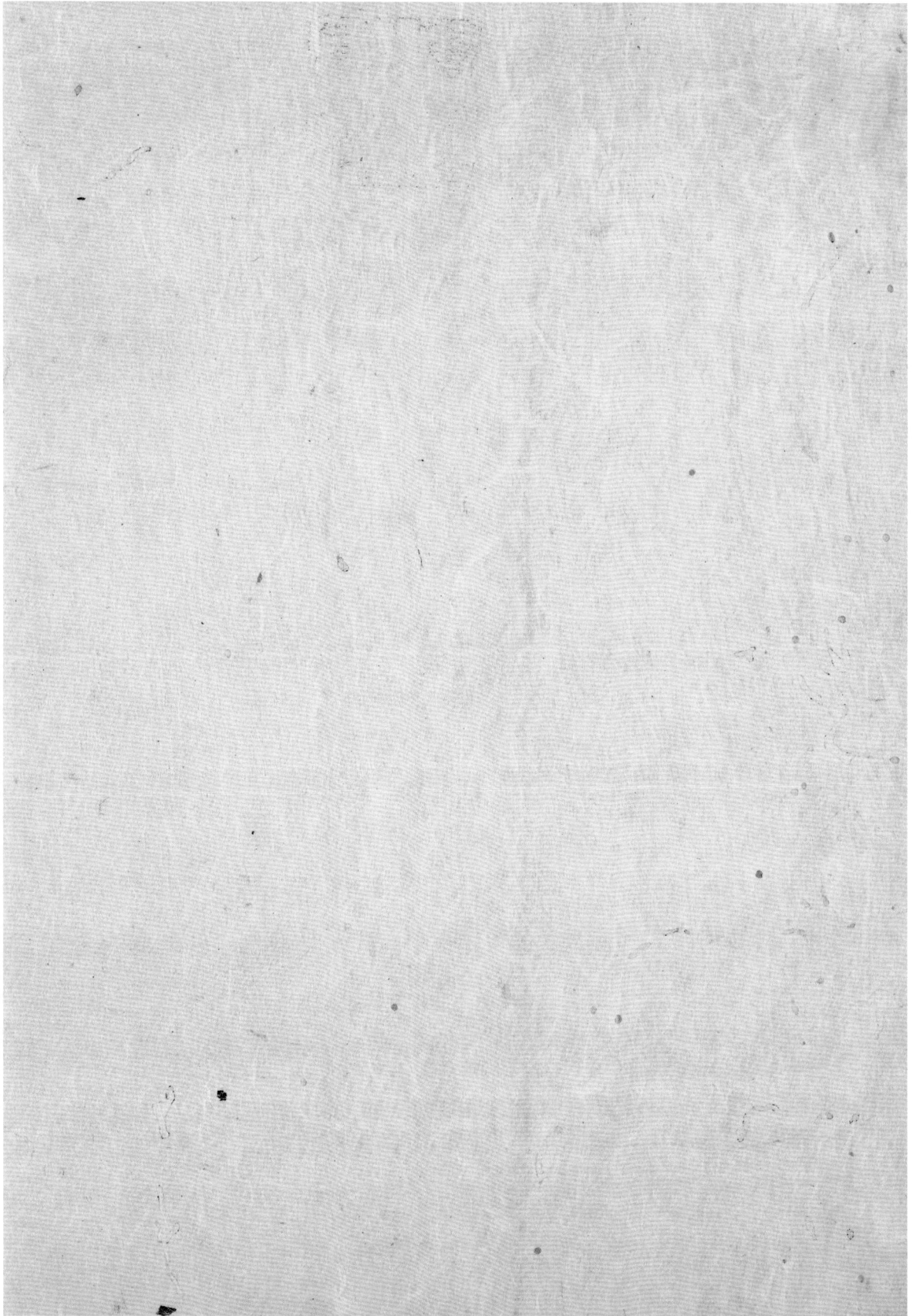

周礼疏卷第三十七

唐朝散大夫行大學博士弘文館學士臣賈公彥等撰

虎賁至卒伍　釋曰鄭云王出將虎賁士居前後雖羣行亦有局分者從經云卒伍則是五人爲伍百人爲卒又案序官云虎賁氏下大夫二人中士十有二人府二人史八人胥八十人虎士八百人是其雖羣行亦有局分置卒伍是也　軍旅至王閑　注舍王至梐枑　釋曰鄭云舍王出所止宿處者案掌舍云掌王之會同之舍則設梐枑再重杜子春以爲行馬後鄭云行馬再重者以周衛有外内列校人職養馬曰

闕是其闕與梐枑皆禁衛之物故以闕為梐枑釋之也　王在至王宮注為周衛　釋曰在外守王闕為周衛明在國亦為周衛也　國有至如之　注非常至在門　釋曰大故謂兵災大喪謂王喪二者皆是非常之難須警備故云要在門也　及葬至而哭注遣車至至馮依　釋曰遣車者將葬盛所苞奠遣送者之車其車內既皆有牲體故云王之魂魄所馮

遣

依遣車多少之數天子無文案雜記云遣車視牢具鄭注云多少各如所苞遣奠牲體之數案檀弓云國君七个遣車七乘大夫五个遣車五乘鄭云諸侯不

以命數褻數略也士無遺事大夫五乘諸侯七乘天
子宜九乘故鄭注雜記云天子大牢苞九个遣車九
乘苞肉皆取大遣奠之牲體天子大牢外更用馬牲
皆前脛折取臂臑後脛折取骼苞肉各九个皆細分
其體以充數也　適四至大夫　注虎士從使者
釋曰天子有下聘諸侯法大行人所云歲徧閒之等
射則使虎賁從行也　若道至四方　注不道至以
歸　釋曰云奉書徵師役也者若兵寇則徵師若泥
水則徵役引春秋者案左氏傳云初戎往朝周周大
夫皆發礼之戎唯凡伯不禮焉後凡伯至魯戎則要

而伐之故云戎伐凡伯於楚丘以歸是其事也　旅
賁氏至持輪　注夾王至帥焉　釋曰知夾王車是
下士十六人者見序官云旅賁氏中士二人下士十
有六人此經左右十六人故知是旅賁氏之下士也
中士是官首明為之帥也　凡祭至而趨　注服而
至玄端　釋曰知服而趨是夾王車者約上文夾王
車而趨故知也云會同賓客王亦齊服袞冕者見下
文節服氏云掌祭祀朝覲袞冕鄭云從王服朝覲服
袞冕則會同賓客亦服袞冕故覲礼天子袞冕負黼
扆是也云則此士之齊服玄端者若士助祭服爵弁

此為會同故齋服服玄端　裘紀至戈盾　注葛〻至尚輕　釋曰臣為王貴賤皆斬衰斬衰裏麻絰至葬乃服葛今王始死即服葛故云武士尚輕　軍旅則介而趨　注介被甲　釋曰在軍為甲士著甲餘有不服甲但此旅賁勇士衛王故被甲而趨也　節服氏至大常　注服袞至持之　釋曰云服袞冕者從王服也者以其節服氏者世能節王之衣服節服所服與王同故云從王服也云維維之以縷者以其言維是連綴之名故知知用縷連綴之也云王旗十二旒者巾車云玉路建大常十有二旒經云六人維之

明一畔有三人〻〻維六旒故知兩〻以縷連旁三
人持之云礼天子旌曳地若礼緯文引之者若不遣
維持之則旒曳地故也　諸侯至如之　釋曰依緯
文引之者若不遣維持之則旒曳地故也　諸侯至
如之　釋曰依礼緯含文嘉云天子旌九刃十二旒
曳地諸侯七刃九旒齊軫大夫五刃五旒齊較士三
刃三旒齊首彼或異代法故旒不依命數周之諸侯
之旌皆交龍爲之上公九旒侯伯則七旒子男則五
旒今惣云四人則不得兩〻維之但一畔有二人分
而維之見威儀耳云其服亦如之者節服氏之服亦

與諸侯同諸侯唯二王後與魯得祭天服袞冕其餘
諸侯唯得祭宗廟服玄冕節服氏皆與君同服故云
其服亦如之　郊祀至從車　注裘冕至為尸　釋
曰尸服與王同大裘節服氏亦大裘故二人皆裘冕
執戈送逆尸云從車者送逆皆從尸車後云凡尸服
卒者之上服者案士虞記云尸服卒者之上服注云
上服如特牲士玄端也不以爵弁服為上者祭於君
之服非所以自配鬼神彼據臣卒者上服以家祭上
服不得用助祭服此據王自然用卒者家祭上服大
裘也　引春秋傳者是外傳晉語文　方相氏至毆疫

注蒙冒至度也　釋曰云時儺四時者案月令唯有三時儺是以月令季春云命國儺以季春日歷大梁有大陵積尸之氣與民爲厉命有國者儺仲秋云天子乃儺時外建酉亦有大陵積尸之氣此月儺陽氣陽氣至此不止害將及人唯天子得儺諸侯亦不得季冬云乃命有司大儺言大則及庶亦儺唯有此三時儺鄭云四時者雖三時亦得云四時惣言之也若然此經所儺據十二月大儺而言是以鄭引季冬爲證也鄉黨鄉人儺郊特牲云鄉人裼亦皆據十二月民庶儺而言也　大喪先匶　注葬使之道　釋

曰喪所多有凶邪故使之導也　及墓至方良　注
壙穿至冈兩　釋曰必破方良爲冈兩者入壙無取
於方良之義故也云天子之椁柏黄腸爲裏而表以
石焉者欲見有冈兩之義故引漢法爲證又檀弓云
天子柏椁以端長六尺言椁柏則亦取柏之心黄腸
爲椁之裏故漢依而用之而表之以石古雖無言漢
亦依古而來蓋周時亦表以石故有冈兩也云國語
者案國語水之怪龍冈象土之怪夔冈兩則知方良
當爲冈兩也　大僕至大命　注服王至奏行　釋
曰云服王舉動所當衣也者謂王吉服有九隨事舉

勸而衣大僕親近王所之官故王之衣服及位處恐其不正故皆正之也　云位立處也者王之起居無常或起居行事之時多以立為正故以立處言之也云出大命王之教也者一日万機有其出者皆是王之教也云入大命羣臣奏行者謂羣臣奉行王命報奏者皆是也　掌諸侯之復逆　注鄭司農至下奏釋曰案宰夫職云諸臣之復万民之逆先鄭云復請也逆迎受王命者玄謂復之言報也反也反報於王謂朝廷奏事自下而上曰逆〻謂上書先鄭彼注與此不同者先鄭兩解故彼後鄭不從至此注先鄭於義

是故後鄭從之此說先鄭云復謂奏事即彼後鄭云復謂朝廷奏事一也此先鄭云逆謂受下奏即彼後鄭云自下而上曰逆謂上書亦一也王眡至如之注前正至朝畢　釋曰云前正位而退道王々既立退居路門之左待朝畢者此即上司士所云大僕前亦一也大僕本位在路門之左今進前正位訖還退在本位故云退居路門左也云待朝畢者欲入亦如之王退入路寢聽事時亦前正王位却位立也　建路至其政　注大寢至早晏　釋曰此鼓所用或擊之以聲早晏或有窮遽者擊之以聲冤枉也故建之

於正朝之所也　云大寢路寢也者欲見在路寢門外正朝之處云其門外則內朝之中有案玉藻云視朝於內朝羣臣辨色始入彼諸侯礼天子亦然若據文王世子亦得謂之外朝故文王世子云其朝於公內朝臣有貴者以齒其在外朝則以官彼以路門外為外朝者對路寢庭朝為外朝其實彼外朝亦內朝耳以其天子諸侯皆內朝二外朝一既以三槐九棘朝為外朝一明此內二者皆內朝也　以待至庶子

釋曰云以待者大僕在王所恒於路寢之中若有窮者及遽令二者來擊此鼓其御僕御庶子直在鼓所

者則入告大僕〻〻迎此二官以所告之事白王故
云聞鼓聲則速逆御庶子也　注鄭司農至以聞
釋曰先鄭以令字下讀爲句云大僕主令此二官使
速逆窮遽二者彼鄭不從者若使御僕御庶子逆窮
與遽則二官自白王不告于大僕事何得在大僕職
乎者以是故後鄭以爲大僕聽其辭自白王後鄭以
逆窮是朝士者以其朝士職有在肺石達窮民窮民
先在肺石朝士達之乃得擊鼓故率之也知御僕御
庶子直事鼓所者見御僕云以序守路鼓云御庶子
者蓋以御僕有下七十二人分之爲御庶子總名曰

御僕佐　祭祀至牲事　注詔告至之爵　釋曰經
三事皆有法度威儀故須大僕告之云牲事殺割者
言殺據祭祀之時主親自射牲故司弓矢云共王射
牲之弓矢注云射牲示親殺〻牲示親殺之牲非尊
者所親唯射為可殺時大僕及射人大宰等皆贊之
國語云禘郊之事天子必親自射牲彼據祭天司弓
矢云凡祭祀言凡語廣則祭社稷宗廟亦射牲也知
有割牲者郊特牲云君肉袒親割敬也注云割解牲
體禮器云君親割牲夫人薦酒注云親割謂進牲孰
體時祭統亦云君執鸞刀羞嚌彼據諸侯明天子亦

然云〻載者案易震卦彖云震驚百里不喪匕鬯注
云雷發聲百里者諸侯之象人君於祭祀之礼匕牲
薦鬯而已其餘不親彼諸侯親〻明天子亦然是以
大僕得有贊牲之事少牢不親〻下人君故也特牲
親〻者士卑不嫌也　王出至前驅注前驅至右焉
釋曰云王出入者謂朝覲會同并凡祭祀巡狩征
伐皆是大僕則在車左不敢使人馭自馭而前驅也
若使人馭〻在中央身無事居左大尊故自馭也知
亦有車右者以車右恐車傾覆備非常雖無尊者亦
宜有車右勇力者也　凡軍至王鼓　釋曰軍旅謂

征伐因役謂田獵王王皆親鼓故大僕贊之　注王
通至餘面　釋曰云王通鼓者謂王親將軍衆待王
擊乃擊之謂若鼓人云金鐸通鼓之類也云佐擊其
餘面者案大司馬云王執路鼓路鼓四面鼓將居鼓
下則前面不得擊之唯有三面今之此大僕佐擊一
面戎右亦云贊王鼓則亦擊一面通王自擊一面是
三面也若然王與御者并戎右已有三人今更有大
僕則駟乘案文十一年傳叔夏御莊叔緜房甥爲右
富父終生駟乘彼注云駟乘四人共車與此同也
救日月亦如之　注日月至不鼓　釋曰云亦如之

有大僕亦贊王鼓佐擊其餘面但日食陰侵陽當與
鼓神祀同用雷鼓也若然月食當用靈鼓但春秋記
日食不記月有以日食陰侵陽象臣侵君非常故記
之月食陽侵陰象君侵臣故不記此云救日月食明
亦擊鼓救可知云春秋有左氏莊二十五年日有食
之鼓用牲於社彼傳鼓與牲並譏之以彼傳云唯正
月之朔慝未作日月之食於是乎用幣于社伐鼓于
朝若然唯四月正陽之月乃擊鼓彼四月不合擊鼓
之月天災有幣無牲故亦譏之彼傳又云秋大水鼓
用牲于門亦非常傳曰非日月之眚不鼓若然此言

為秋大水擊鼓而故引之者欲見日有食時皆合擊
鼓與此文同也　大喪至如之　注戒鼓至之氾
釋曰言大喪謂王喪始崩云戒鼓謂擊鼓以警〻戒警〻
戒衆人傳達于四方謂以鼓聲相傳聞達四方窆之葬
之時亦如始崩也引春秋者左氏昭公十二年傳云
葬鄭簡公云毀之則朝而備不毀則日中而備礼記
謂之封者喪大記與檀弓皆以下棺為封字云音相
似者字雖不同皆作窆音云讀如慶封氾祭之氾者
慶封齊大夫有罪來奔魯〻以饗食之祭先遍籩豆
以祭謂之氾祭但彼氾〻字只取廣氾之義鄭意讀窆

與他為齊同義則異也　縣喪至宮門　注首服至四方　釋曰鄭知首服之法是免髽笄總廣狹長短之數者案小宗伯已云縣衰冠之式于路門之外注云制色宜齊同彼云冠專據男子云衰則兼婦人此云首服明無衰與男子冠直是婦人首服彼知唯有免髽笄總耳但始死將斬衰者男子笄纚深衣婦人麻髽并笄總是以喪服斬衰章云女子〻箭笄髽衰三年將齊衰以下者始死男子免婦人布髽也云廣狹長短者鄭注礼記云免蓋象冠廣一寸婦人笄齊衰榛木斬衰箭竹為之也　云縣其書於宮門示四方

有小宗伯〻云縣于路門此宫門亦路門也　掌三至弔勞　注王使往　釋曰此等皆王合親往今使大僕有或王有故不得親往故使大僕也　王燕至其法注相左右　釋曰此燕飲謂與諸侯燕若公三燕侯伯再燕子男一燕之等或王與羣臣燕之等皆是其法有主人酌酒獻賓〻酢主人〻〻酬賓洗爵升降之法皆左右相助王故云相其法也　王射贊弓矢注贊謂授之受之　釋曰此謂大射也案大射礼三大射正執弓小臣授矢於公既射大射正受弓矢子之礼則大僕授受其法與彼同必知此礼大射礼

有見小臣職云賓射掌事如大僕之法則知大射氏
大僕所掌者是也其小　臣所掌賓射亦當援受可知
三眡至擯相　注羞

之鬲後鄭不從者卿大夫自
祭其先是其常事何有王皆賜之鬲也故以為同姓
有先王廟者若然經鄭家謂畿內三等采地則文云
祭祀是畿外同姓諸侯魯衛之屬者也　凡祭至受
之　注臣有至五个　釋曰云所謂歸胙者案左
氏傳驪姬欲譖申生謂申生曰齊姜欲食使大子祭訖
歸胙于公姬置藥而饋公是有歸胙之事也　云體數
者大牢則以牛左肩臂臑折九个已下並禮記少儀文　凡

祭祀㝈人尚右故右胖皆祭故以左胖殺人祭言大牢
天子大夫已上少牢謂天子之士彼注云羊豕不言脟
脟肉牛牢之可知言肩臂臑折九个者則一體折為
三段則牲少體不得全自外皆然以人多故也皆用
前體者前體貴故先用也　御僕至弔勞　注羣吏
府史以下　釋曰大僕掌諸侯復逆小臣掌三公孤卿
復逆此官所云羣吏對庶民是府史以下言以下兼
哥徒若然不見大夫士者小臣孤卿中兼之矣　大
祭至而登　注相盥至匕載　釋曰上小臣云沃此
文云盥明是奉槃授巾以其少牢特牲尸盥時有奉

盤授巾之事故云也以無正文故云與以疑之也云
登謂為王登牲體於俎者以其文承祭祀之事故取
特牲上載乃即登牲體於俎也　大喪持翣　注翣
棺至屋車　釋曰依喪大記注引漢禮翣以木為匡
廣三尺高二尺四寸方兩角高衣以白布畫者畫雲
氣謂之畫翣畫之以黼謂之黼翣之類是也天子用
八諸侯用六大夫用四士用二在路夾屋車兩旁入
壙則樹之四旁故云棺飾也　掌王之燕令　注燕
居時之令　釋曰以御僕近臣故使掌燕居時之令
燕之於外也　以序守路鼓　注序更　釋曰此即大

僕前去遠遶御僕與庶子者也序更者即上鄭云直
事々鼓祈者也、隷僕至之事　注五寢至庭對　釋
釋曰知周天子七廟唯祧之無寢者此云五寢下云
小寢大寢不言祧之有寢明二祧無寢也引詩云寢
廟繹者欲見前廟後寢故云相連之貌也案爾雅釋
宮云有東西廂曰廟無同寢々々廟大況是同有廂無
廂為異耳必須寢者祭在廟薦在寢故立之案昭十
八年鄭災簡兵大蒐子大叔之廟在道南其寢在道
北者彼廟不在宮中地隘故廟寢别處也云汜埽曰
埽々席前曰拚者謂埽地遠近之異名及取論語者

所以證經埽洒之事也　五寢既隸僕埽除其廟案守祧注皆宗伯埽除　祭祀脩寢　注於廟至寢廟　釋曰祭祀則在廟可知復云脩寢者寢或有事不可非脩治之也引月令薦寢廟者欲見寢有事彼薦只在寢不在廟連廟言者欲見是廟之寢非生人之寢故也　王行洗乘石　注鄭司農至之石　釋曰引詩者是小雅刺幽王之詩言申后乘車履后與王同故云有扁斯石履之卑兮謂履之上車與王同故黜之也　掌蹕宮中之事　注宮中至儆蹕　釋曰宮中須警備故有蹕宮中之事　大喪至大寢　注小寢

至大寢　注小寢至大寢　釋曰以祭隷僕職卑位小故使之復於小寢也以其高祖已上廟稱小始祖廟稱大故寢亦隨廟爲稱也　弁師至延紐　釋曰云皆玄冕者古者績麻三十升布染之上以玄下以朱衣之於冕之上下云延者即是上玄者紐者綴於冕兩旁垂之武兩旁作孔以笄貫之使得其牢固也凡冕體周礼無文叔孫通作漢礼器制度取法周令還取彼以釋之案彼文凡冕以版廣八寸長尺六寸以此上玄下朱覆之乃以五采繅繩貫五采玉垂於延前後謂之邃延故玉藻云天子玉藻前後邃延龍

後遂延龍卷以祭是也　注冕服至象輿　釋曰云
冕服有六者案司服祭祀六服皆連冕言之今此唯
云五冕者但此弁師所掌冕以旒為主祭天用大裘
衣質其冕亦當無旒為質故此不數之唯有五冕耳
故云王之五冕也云延冕之覆在上案玉藻注延冕
上覆言雖不同義則不異皆以玄表覆之在冕上也
以爵弁前後平則得弁稱冕則前低一寸餘得冕名
冕則俛也以低為號也云紐小　冕在武上笄所貫也
者今時冠卷當簪者廣袤以冠縰其舊象與者古之
紐武笄貫之文處若今時冠卷當簪所貫者於上下

之廣及隨縱之袤以冠縱者貫簪之處當冠縱之中
史云舊象有是周冕垂紐於武貫笄之舊象言與者
以無正文故云與以疑之　五采至朱紘　釋曰言
五采藻十有二者此據袞冕而言謂合五采絲為藻
繩十二道為十二旒也就皆五采玉十有二者此各
據一旒而言玉有五色以青赤黃白黑於一旒之上
以此五色玉貫於藻繩之上每玉間相去一寸十二
玉則十二寸就成也以一玉為一成結之使不相并
也玉笄朱紘者以玉笄貫之又以組為紘仰屬結之
也　注繅雜至十二　釋曰云繅雜文者若水草之

藻有五采故云雜文之名也云所謂邃延也者謂玉
藻文云繩之每一帀而貫五采玉十二斿則十二玉
可知也云紘一條屬兩端於武者謂以一條繩先屬
一頭於左旁笄上以一頭繞於頤下至向上於右相
笄上繞之是以鄭注士冠禮云有笄者屈組以為紘
垂為飾無笄者纓而結其絛彼有笄據皮弁爵弁此
五冕皆有笄與彼同此言屬於武者據笄貫武故以
武言之其實在笄云繅不言皆有不皆者謂王之五
冕繅則有十二有九有七有五有三其玉旒皆十二故
繅不言皆有不皆者則冕旒已下是也玉言皆則五

冕旒皆十二玉也此經六冕旒據袞冕而言是以鄭云此爲袞衣之冕十二旒以其十二旒〻各十二玉前後二十四旒故用二百八十八已下計可知　諸侯至玉笄　釋曰諸公云繅九就又云繅斿皆就作夫與上言繅十有二就皆五采玉十有二繅玉别文則繅有差降玉無差降此諸公繅玉同文則唯有一冕而已故鄭計一冕爲九旒〻各玉據冕九旒不别計鷩冕已下以其一冕而已冠五服故也已下侯伯子男亦皆一冕冠數服也王不言玉瑱於此言之者王與諸侯互見爲義是以王言玄冕朱裏延紐及朱

紘明諸侯亦有之諸公言玉瑱明王亦有之是其互
有也　注侯當至玉名　釋曰鄭知侯當為公者以
下别見諸侯又此經云九就當上公以九為節故知
是公也知三采朱白蒼者聘礼記公侯伯繅藉三采
朱白蒼故知三采亦朱白蒼也云出此則異者異謂
天子朱紘諸侯當青組紘之等不得與王同也云繅
斿皆就皆三采也每繅九成則九旒也者此釋有一
冕九旒之意也云璑惡玉名者案許氏説文璑三采
玉從玉無聲以其三采又非瑾瑜故云惡玉名也説
文又云瑉石之美者從玉民聲如是經云瑉玉三采

當以璂為正故先鄭從璂綦璂玉名也　王之至玉
弁注故書至為之　釋曰先鄭以會為五采束髮
讀經以為皮弁會五采引士喪礼及沛國之事後鄭
皆不從故以會謂縫中解之先鄭讀從馬會取會結
之義又讀璂如車轂綦之綦直取音同未知何義也
云謂會如大會之會漢歷有大會小會取會聚之義
故為縫中又云璂讀如薄借綦之綦綦結也者漢時
有薄借綦之語故讀從之亦取結義薄借之語未聞
云皮弁之縫中每貫結五采玉十二以為飾謂之綦
者天子以十二為節約同冕旒也引詩會弁如星者

衛詩彼注云會謂弁之縫中飾之以玉皪皪而處狀
似星也與經義合故為證也又曰其弁伊綦是也者
綦既為玉又得為結義得兩合耳云邸下柢也者謂
於弁內頂上以象骨為柢　王之至環經　注弁經
至經服　釋曰云弁經王弔所服也者司服文又雜
記云凡弁經其衰侈袂故知弁經是王弔服云其弁
如爵弁而素者案曾子問云麻弁經鄭云麻弁經者
布弁而加環經也此不言麻者皆素為之故云而素
也云所謂素冠者詩云庶見素冠兮彼素冠謂祥冠
與此雖義別同是素爲之者而加環經者謂先著素

弁於下乃上加環絰故云如也環絰者大如緦之絰
者緦麻絰五服之輕者吊服乃五服之外故約同之
但緦之絰則兩服此環絰以一股纏之不糾麤細同
耳引司服者證弁絰是吊服之絰　諸侯至禁令
釋曰諸侯者上已言公則此諸侯據侯伯子男云及
孤卿大夫者此文既承諸侯之下故鄭以為諸侯之
孤卿大夫解之也既不别見天子之臣文中可以兼
之上天子與公不言韋弁此言之亦是互見之義云
各以其等為之不言爵而言等則依命數耳　注各
以至無等　釋曰云各以其等謂藻旒玉璂如其命

數也者經云冕故云旒經云弁故云璂如其命數釋經云等也侯伯子男之冕亦據一冕如上公矣侯伯子男繅玉皆三采者亦約聘礼記藻三采朱白蒼而言之四命已下皆據典命公之孤四命公侯伯之卿三命其大夫二命子男之卿再命大夫一命而言二采朱緑亦據聘礼記聘臣藻皆二采朱緑而言也云弁經之弁其璂積如冕繅之就然者以其弁服非吉故無飾故璂積有數也云庶人弔者素委貌者此經不云庶人鄭云此者以有大夫已上因言庶人且欲從下向上因推出士緇布冠皮爵弁之意也云一命之

大夫冕而無旒者此亦約文鄭知無者凡冕旒所以以爲文飾一命若有則止一旒一玉而已非華美又見一命大夫衣無章士又避之變冕爲爵弁若一命大夫有旒士則不須變冕爲爵弁直服無旒之冕矣故知一命大夫無旒也若然爵弁制如冕但無旒爲異則無旒之冕亦與爵弁不殊得謂之冕者但無旒之曰冕亦前低一寸餘故亦得冕名也云韋弁皮弁之會無結飾弁絰之弁不辟積者一命大夫及士冕弁既無旒故知無此等云禁令者不得相僭踰而引玉藻君未有命不敢即乘服者彼諸侯之卿大夫聘於

天子〻〻賜之冕服歸國告君得君命乃服之未得君命則爲僭踰故引爲證也云不言冠弁冠弁兼於韋弁皮弁矣者玄冠緇布衣緇帶素韠天子以爲日服即諸侯及臣之朝服亦皮弁之類不言之者兼於韋弁皮弁也不言服弁服弁即裏經喪服也云不言之者自天子以下無飾無等者則喪服自天子達士共一章是也自此一經揔苞諸侯及臣不言天子之臣但天子三公八命卿六命大夫四命士三命以下冕弁之屬亦各以其等爲之可知　司甲闕　釋曰此亦與冬官同時闕也　司兵至軍事　釋曰言各

辨其物與其等者五兵五兵五盾各有物色與其善
惡長短大小之等云以待軍事者案此下有舞者兵
及厭五兵直云以待軍事者五兵五盾以軍事為主
故也　注五盾至夷矛　釋曰鄭云五盾干櫓之屬
其名未盡聞也者案祭統云朱干玉戚以舞大武秦
詩云蒙伐有苑注云伐中干左氏傳建大車之輪以
為櫓而當一隊則有朱干中干及櫓聞其三者二者
未聞故云其名未盡聞也云等謂功沽上下者功謂
善者為上等沽謂麤惡者為下等也必知有此法者
見槀人職云書其等以饗工乘其事試其弓弩以下

上其食明兵盾亦當然先鄭云五兵者戈殳戟酋矛夷矛者此謂車之五兵故下注云車之五兵司農所云者是也　及授至如之　注從司至衛守　釋曰云授兵從司馬之法者司馬主六軍是一官之長先受於王命知多少乃始出軍故從司馬法以頒之鄭知用兵是出給衛守者以其餘言授兵下別言用兵明是衛守之處須兵者也　祭祀授舞者兵　注授以至之屬　釋曰鄭知此兵是朱干玉戚者祭統云朱干玉戚以舞大武則大武用朱干玉戚矣又案下司戈盾云祭祀授旅賁殳故士戈盾司兵尊於司戈

肩明所授兵據以大武朱干玉戚也其司干所授者
又是羽籥之等非干戚可知也　大喪廞五兵　注
故書至干笮　釋曰先鄭一部之内廞皆從淫故云
淫〻為陳後鄭皆不從皆以為廞興解之者見司服
云大喪共其復衣服斂衣服掌其陳序圉人職云凡
賔客喪紀牽馬而入陳廞馬亦如之以此言之廞陳
既别則廞不得為陳以興象為義也云興作明器之
役器五兵也者案既夕礼明器之用器有弓矢役器
之内甲冑干笮彼雖不具五兵此既言五兵明五者
猶有也故鄭引士喪礼下篇甲冑干笮為證言士喪

禮下篇即既夕礼也言士喪礼下篇者以其士喪論
葬事士喪與既夕二篇同有記皆在既夕篇下故二
篇連言之也案彼注箙謂矢服也　軍事至如之
釋曰云建車之五兵者凡器在車皆有鐵器歷之在
車轂及輿以兵插而建之故有出先刃入後刃之事
注鄭司農至弓矢　釋曰云鄭司農所云者是也即
上文注是也必知如先鄭義者見考工記廬人云戈
殳戟酋矛夷矛乃云六建既備車不反覆注六建五
兵與人也以是故從司農所云也云步卒之五兵則
無夷矛而有弓矢者即司右注引司馬法所云者是

也有弓矢是能用五兵者若前驅所建則有四兵故詩云伯也執殳為王前驅注引考工記車有六等之數除軫與人四兵為證是也　司戈盾至頒之　注分與受用　釋曰分與受用者即下文祭祀會同之等皆是　祭祀至如之　注亦頒至四尺　釋曰云故士王族故士者據司士而言云與旅賁當事則衛王者案旅賁氏掌執戈盾而趨此執殳者以其與故士同衛王時以為儀衛故不執戈盾知殳如杖者廬人所為不見有刃故知如杖　知尋有四尺者車有六等云殳長尋有四尺崇於人四尺也　軍旅至戈盾

釋曰軍旅會同皆貳車貳皆有車右故授之以戈
盾云乘車之戈盾者王所乘車有車右故建戈盾授
旅賁氏及虎士戈盾者衛王故也　注乘車至金路
釋曰軍旅乘革路會同乘金路皆巾車文會同則
彼以賓一也　及舍至斂之　注舍止至蘇與　釋
曰案掌舍王行止住不言設藩盾者當宿衛之事非
止一重除彼梐枑車宮之外別有此藩盾之等也云
如今扶蘇有舉漢法以況之也

周禮疏卷第三十七

周禮疏卷第三十八

唐朝散大夫行大學博士弘文館學士臣賈公彥等撰

司弓矢至出入　釋曰此經與下為目辨其名物者六弓八矢各有名號物色出入者頒之受之　注法曲至之數　釋曰曲直者謂若王弓弧弓合九成規已下或合七合五合三是曲者合少直者合多長短者弓人云弓之上制六尺六寸中制六尺三寸下制六尺是其長短也　中春至矢箙　注弓弩至為之　釋曰矢箙獸皮為之者案詩云象弭魚箙雖不言用獸蓋魚之似獸者為之若然此獸則魚一也唯有

國語云檿弧箕箙不用獸皮也　及其至旁者　釋
曰此經六弓强弱相對而言王弧直往體寡夾庾曲
往體多故四者自對先自唐大往來若一故退之在
後也　注王弧至者非　釋曰云六者弓異體之名
也者即所引弓人之職往體來體之等是也此據體
而言若以色而言即春秋尚書所云彤弓旅弓之等
是也云甲革革甲也者欲見甲以革為之其實一物
也引春秋傳者事在成十六年楚之養由基善射之
事云質正也樹椹以為射正者謂若賓射之正然也
云射甲與椹試弓習武也者見園人云澤則共椹質

是在澤宮中試弓習武也云豻侯五十步及射鳥獸皆近射也近射用弱弓則大侯者用王弧射參侯者用唐大矣者此據諸侯言之若據天子則用王弧射虎侯用唐大射熊侯用夾庾射豹侯也云學射者弓用中後習強弱則易也者用中謂唐大往來體如一是中也云使者勞者弓亦用中遠近可也者使有遠有近皆可也云勞者勤勞王事若晉文侯者謂文侯之命賜之彤弓旅弓是也云文公者謂僖二十八年晉文公敗楚於城濮襄王賜之以彤弓旅弓是也其矢至其弓　注從弓至有矢　釋曰云從弓數也若

从經云矢箙皆從其弓故知從弓數也　云每弓者一
箙百矢者案文侯之命及僖二十八年晉文公受弓
矢皆云彤弓一彤矢百雖是所賜之弓矢射之弓矢
約同之案詩頌云束矢其搜毛注云五十矢爲束鄭
從之至此爲百矢者無正文鄭兩從不定也　凡弩
至野戰　注攻城至不疾　釋曰云攻城壘者城謂
城郭壘謂軍辟若宣公十二年云御靡旌摩壘而還
之類也云與其自守者即城壘也云弩無王弧王弧
恒服弦者案上弓有六等有王弧至此弩以有夾庾
等四種故云弩無王弧也恒服弦者若弓用則服弦

不用則弛惟弩則用與不用一張之後竟不弛故云
恒服弦也若然恒服弦用弱者以其強弓矢不弛則
就弦弱則隨體不就弦也又王弧往體少使之恒服
弦則使矢不疾故不用也　凡矢至散射　注此八
至倫比　釋曰鄭知此八矢弓弩各有四者以上文
六弓四弩俱陳於下總列八矢則知八矢爲弓弩所
設故鄭分之四矢屬弓四矢屬弩也八矢兩〻相附
必知在上者屬弓在下者屬弩者此上文六弓在上
四弩在下故還以在上配弓在下配弩也云枉矢者
取名變星飛行有光今之飛矛是也　者案輈人云弧

殺枉矢以象弧也　案孝經緯援神契云枉矢射慝考
黑郭同枉矢精狀如流星蛇行有尾見天文志曰枉
矢狀大流星是其妖變之星行時有光故鄭云枉矢
者取名變星飛行有光漢時名此矢為飛矛舉以為
説也　云或謂之兵矢者矢人職文云絜矢象焉者謂
輕重象枉矢也　云二者皆可結火以射敵守城車戰
者故鄭矢人職注以枉絜二矢俱為兵矢云前於重
後微輕行疾也者以殺矢三分一在前二在後是最
重者也此枉絜二矢則五分二在前三在後云前於
重又微輕微輕對已下鍭矢恒矢等為最輕也云殺

矢言中則死者解稱殺矢之名以其最重中則死故也云鍭矢象焉者亦尤重者也云二者可以司候射敵之近者及禽獸者釋經用諸近射田獵之文云前尤重中深而不可遠也者以其三分一在前二在後故云尤重中深故殺名不可遠故用之近射也云結繳於矢謂之矰矰高也者繳則繩也謂結繩於矢以弋射鳥獸者言矰高者欲取向上射飛鳥之義也云茀矢象焉者亦結繳爲射也云茀之言刜也二者皆可以弋飛鳥刜羅之也　者解結繳以羅取而刜殺之義云前於重又微輕者此又對枉矢絜矢五分者是

重此於五分之重又微輕於彼以此矢七分故也引詩者證弋是取禽鳥之義也云恒矢安居之矢也者案弓人有其人安其弓安其矢安之文則此恒矢軒輖訂是安居之矢也云庳矢象焉二者皆可以散射也者謂礼射及習射者已上六矢皆用之攻守及弋射唯此矢云散射明散射是礼也其礼射者即大射賔射燕射之等皆是其習亦於此三射中爲之故并言之也云前後訂其行平也者以鍭矢七分三在前四在後則知此八分四在前四在後即行平也云凡矢之制枉矢之屬至四在後皆矢人職文云恒矢之

屬斬輴中所謂志也者既夕記云志一乘軒輴中是
也先鄭云庳矢讀為人罷短之罷此依俗讀於義無
取云謂庳讀為庳病之痺〻之言倫比倫比則與安
居之義同也此八矢六弓四弩不相配者以四矢配
四弩於義為可以四矢配六弓其數參差不可相當
故不得相配但依六弓四弩與矢隨義相當而用之
天子至弊弓　釋曰案上注而言王弧射大侯夾
庾射豻侯言之則天子之弓王弧也以其往體寡故
合九成規諸侯之弓則唐大以其往來體若一故合
七成規大夫之弓則夾以其往體多故合五成規也

士之弓則六弓之外句曲合三成規云句者謂之弊弓者但句之至極無過合三合三之外雖別言句者還指合三者而言耳案天子諸侯三侯士與大夫同射近侯與大夫別侯之法今以士合三與大夫弓別者以士與大夫尊卑次第以合三者託之于士其實士無合三之弓也　注體往至善矣　釋曰云體往來之衺也者此皆據角弓及張不被弦而合之從合九合七合五合三降殺以兩故言衺也云往體寡來體多則合多者據王弧而言云往體多來體寡則合少而圜者據夾庾而說不言唐大者在此二者中間

可知　凡祭至弓矢　釋曰言凡語廣則天地宗廟
皆有射牲之事　注射牲至其牲　釋曰言殺牲非
尊者所親唯射為可者案礼記君親制祭詩云執其
鸞刀以啓其毛則射外兼為而言唯射者彼亦不行
之非正制之耳引国語者欲見有射牲之事彼據祭
天而言　澤共至弓矢　注鄭司農至於祭　釋曰此所
共弓矢據王弧故上云王弓弧弓以射甲革椹質引
射義欲見射椹質是試弓習武在澤宮也　大射至
并夾　注如數至箙也　釋曰知每人四矢者見大
射鄉射礼皆人各乘矢也云并夾矢箙也者矢箙之

言出於漢時　大喪共明弓矢　釋曰云明器之用
器也者明器中有用器役器役器中有甲冑干笮用
器中有弓矢故鄭還引用器爲證也　凡師至之儀
釋曰言師役據王巡狩征伐而言與會同異頒弓
弩則不殊也　田弋至矰矢　注籠竹至共之　釋
曰田謂四時田時弋謂弋鳧與鴈云充籠箙矢者籠
箙皆盛矢物及矢皆共之云共矰矢者謂矢之有繳
者云矰矢不在箙者以其共矰矢在箙下别言之故
言不在箙也　繕人至扶拾　釋曰此繕人所掌王
之用弓弩者謂司弓矢選擇大善者入繕人以共王

繕人

用也　注鄭司農至為之　釋曰先鄭所解抉拾二家為說前非後是故後鄭增成其義引士喪礼者欲見凶時有文吉時無文約出吉礼也無正文故云天子用象骨與韘用韋雖不言與亦同疑可知　掌詔王射　注告王當射之節　釋曰王射先行燕礼从大夫為賓賓與王為耦所告之事亦如大射礼大射正告公之儀　贊王弓矢之事　注授之受之　釋曰案大射礼大射正授弓小臣授矢天子礼繕人授之受之案大僕職已授之受之此文為有大僕尊大僕贊時此官助贊也　凡乘車至弓弩　釋曰繕人

人唯主王所乘之車而言凡兵車則除革路之外玉
金象木之車〻皆有右備制非常皆充其籠箙及所
載弓矢　注充籠箙者以矢　釋曰以籠是盛矢器
今云充之明所充實者是矢可知也　既射則斂之
注斂藏至藏之　釋曰所斂者唯據王所乘車〻
有弓矢者既射還斂取藏之引詩證既射弛而藏之
義也　無會計　釋曰以其王所費損故不會計之

槀人

槀人至其工　釋曰掌受財于職金者謂有罪人
出贖之物金罰貨罰故須財者往受之　注齎其至
之直　釋曰弓弩矢箙皆是冬官百工造之故云齎

其工有給市材用之直也　弓六至如之　釋曰弓人
唯云弓之長短不言弩之長短蓋當與弓同但無正
文故注亦云未聞　注三等至未聞　釋曰云三等
者上中下人各有所宜有脊據凡人長短爲上中下
士非謂命數者也此經唯言弓弩不言矢箙以下經
有矢箙因此弩并云未聞案矢人造矢云五分其長
而羽其一注云羽者六寸其羽六寸則矢長三尺而
此云矢未聞者彼矢長三尺約而言之亦無正文且
弓之長短既不同明矢亦當有差等其矢之差等未
聞及箙亦未聞也但弓六物爲三等不言弩者下别

言弩故六弓不言皆下矢八物皆三等言皆者矢八
物中兼有弩矢故須言皆也　矢八至獻氏　釋曰
案司弓矢注弓弩各有四矢應作四等而言三等蓋
據長短為三等法矢人注矢長三尺者假設言之弩
既無長短之文矢亦未聞長短也若然箙隨矢長則
弓之矢箙與弓矢齊弩之矢箙亦與弩矢齊但矢既
未聞故箙亦未聞也　注矢箙春作秋成　釋曰案
士喪礼明器有獻素獻成注云形法定為素飾治畢
為成此矢箙亦然　書其等以饗工　注鄭司農至
饗薄　釋曰案下文自有下上其食此文饗據以酒

戎右

者饗之先鄭以饗爲食非故後鄭不從後鄭不言中饗者舉有上下明有中可知也　案其至誅賞　注鄭司農至反此　釋曰云故書試爲考後鄭亦從考爲義也　乃入至闕之　釋曰數事皆在槀人者以槀人是弓矢官之主故皆有簿書藏之也　戎右至革使　注使謂至斬之　釋曰戎右者與君同車在車之右執戈盾備制非常并充兵中使役故云掌戎車之兵革使謂執兵着甲之使也引春秋者文二年左傳文秦晉戰於殽時囚呼萊駒失戈引之者證戎右以兵革使事　詔贊王鼓　注既告至擊之　釋

曰大僕已贊王鼓此亦同是助擊其餘面也　會同
充革車　注會至贖左　釋曰知會同王乘金路者
巾車云金路以賓是也此言充革車故知猶以革路
從云充之者謂居左也者尊者在左載王旣不乘故戎
右居左贊王處是以引曲礼為證彼注云君在惡空
其位是也　盟則至役之　注鄭司農至歃者　釋
曰先鄭以辟為法此無取於法義故後鄭為開辟盟
者之心云將歃血者先執其器者凡盟先割牛耳盛
於珠盤以玉敦盛血戎右執此敦血為陳其盟約之
辭使心開辟乃歃之　贊牛耳桃茢　注鄭司農至

不祥　釋曰引春秋者案哀十七年公會齊侯盟于
蒙孟武伯問於高柴曰諸侯盟誰執牛耳季羔鄶衍
之役吳公子姑曹注云在七年發陽之役衛石魋注
云發陽鄖也在十二年武伯曰然則彘也以其曾於
齊爲小國故也云玄謂尸盟者割牛耳者尸盟即是
小國也云桃茢所畏也茢苕帚所以埽不祥者殺牲
取血旁有不祥故執此二者於血側也　齊右至陪
乘　注齊車至右輿　釋曰云前之者已駕王未乘
之時者曲禮曰僕執策立於馬前備驚奔謂未乘時
此亦未乘之時在馬前備驚奔也云陪乘者王輿僕

齊右

及車右爲參乘也云齊右與齊僕同車而有祭祀之
事則兼玉路之右者齊僕同乘金路唯可據齊時今
此經云祭祀不言齊明是兼祭祀乘玉路時爲右可
知也以其王路有五其右唯有齊右道右三者不見
祀右及田右祭祀時亦名齊田與戰伐俱用兵可以
相通故知齊右兼玉路右戎右兼田右也無正文故
云與以疑之也　凡有至前馬　注王見至齊牛
釋曰云王見牲則拱而式者凡男子立乘前視五巂
若有敬事則式式視馬尾當須端拱故云拱而式也
否馬前卻行備驚奔也者以其王既拱而式是以齊

道右

設

若居馬前御行備驚奔故也引曲礼曰国君下宗廟式齊牛者案彼經云國君式宗廟下齊牛此所引不同者但宗廟尊宜下將彼經為設故鄭改之依正而言也　道右至之儀　注道車至之車　釋曰齊右云王乘則持馬此云王出入則持馬文不同者為右之義不異不同者互換為義故也云道車象路也王行道德之車者若言象據飾為名言道據行道為稱是以大司馬亦云道車　自車至從車　釋曰案馭夫掌馭貳車從車彼注貳車象路之副從車戎路田路之副此所論從車即彼貳車與彼從車別同名耳

大馭

詔王之車儀　注顧式之屬　釋曰礼云式視馬尾顧不過轂皆是車上威儀故須詔之齊右不云者文不具　王式至蓋從　注以蓋從表尊　釋曰蓋有二種一者禦雨二者表尊此則表尊之蓋也　大馭至驅之　釋曰此據祭天之時故有犯軷之事云及犯軷者出國門封土為山象祭軷王在左自馭々下祝登受取王手之轡犯軷遂驅之而出　注行山至道祭　釋曰言行山曰軷者謂水行曰涉山行曰軷云封土為山象者鄭注月令祀行之礼為軷壇厚三寸廣五尺此道祭亦宜然云菩芻棘柏為神主者

謂於三者之中但用其一以為神主則可也云陵祭
之以車轢之而去喻無險難也者祭天在近郊雖無
險難審慎故也引春秋傳曰者案襄二十八年子大
叔云跋涉山川蒙犯霜露以逞君心是其山行曰軷
之事也于春讀軷為別異之別者蓋取軷訖行去之
意引聘礼大夫適祭者無牲牢酒脯而已又於旁飲
酒餞別故云飲酒於其側也　及祭至乃飲　釋曰
此云及祭酌僕者即上文將犯軷之時當祭左右轂
末及軾前乃犯軷而去酌僕者使人酌酒與僕即大
馭也大馭則左并轡右手祭兩軹并祭軌之軾前三

處訖乃飲々者若祭末飲福酒乃始轢軷而去　注
故書至之笄　釋曰云謂兩轊者轊即轂末云軓當
為軋々謂車軾前也者案少儀祭左右軌范乃飲注
云周礼大馭祭兩軹祭軌乃飲軌與軹於車同謂轊
頭也範與范聲同謂軾前也若然此云軹少儀作軌
軌與車轍之軌同名此云軌少儀云范同是軾前也
凡馭至采薺　釋曰樂師亦有此法彼下有車亦
如之即上云行趨者據步迎賓法此既馭路亦云行
趨者此雖馭路行趨遲疾唯步迎賓客為法故雖車
亦行趨也　注凡馭至應門　釋曰此大馭唯馭玉

唯

路而云謂玉路者大馭雖馭玉路以經云凡所含廣
則餘四路亦准玉路為法故云五路也若然迎賓客
唯乘金路餘四路雖不用迎賓客至於乘車皆自內
而出自外而入經路寢及門故鄭據大寢為正也云
肆夏采薺樂章也者肆夏在鍾師與九夏同是樂章
可知其采薺雖逸詩既與肆夏同歌明亦樂章也知
行謂大寢至路門趨謂路門至應門者爾雅云堂上
謂之行門外謂之趨行雖在堂亦人之行由堂始故
發堂至門皆謂之為行故云行謂大寢至路門趨謂
路門至應門也鄭注樂師云及入應門路門亦如之

此注不言亦同於彼也若然應門外亦應有樂節但無文故鄭亦不言也　凡馭至爲節　注舒疾至爲鈴　釋曰鄭知鸞在衡和在軾者鄭見韓詩傳云升車則馬動〻〻則鸞鳴鸞鳴則和應乘車先馬動次鸞鳴乃和應明鸞近馬前和更近後故知鸞在衡和在軾也且案秦詩云輶車鸞鑣毛　云鸞在衡鄭云鸞在鑣不從毛義者鄭以田車鸞在鑣乘車鸞在衡此云鸞在衡據乘車而言故也　云皆以金爲鈴者鼓人掌四金鈴則四金之類故知用金爲之乃可得有聲也　戎僕掌馭戎車　注戎車至自將　釋曰此云

戎車巾車云革路建大白以即戎故云戎車革路也
掌王至其服　注倅副至衣服　釋曰鄭注坊記
云僕右恒朝服據非在軍時若在軍則服韋弁服衆
乘戎車者之衣服謂此服也言衆乘戎車者之服則
副車十二乘及廣闕苹輕之倅皆是也　犯軷至如
之　注如在軍　釋曰云如在軍者謂如其犯軷巡
狩及兵車會亦乘車之會即乘金路也　掌凡戎車
之儀　注凡戎至百兩　釋曰云凡語廣故知衆兵
車即三百兩也案武王伐紂時王自巡六師則有六
軍千乘及諸戎狄三分二諸侯其車多矣只有三百

兩有據在陳與紂戰者而言　齊僕至以賓　注以賓
客　釋曰此經與下為目所待賓客即下文是也
朝覲至之節　注節謂至車送　釋曰受享於廟則
迎之大行人云上公九十步介九人擯者五人廟中
將幣三享鄭注云朝先享不言朝々正礼不嫌有等
是春夏受贄於朝無迎法受享則有之秋冬一受之
於廟亦無迎法故郊特牲云覲礼天子不下堂而見
諸侯是受贄受享皆無迎法今言朝覲宗遇饗食皆
乘金路者謂因此朝覲宗遇而與諸侯行饗食在廟
即有乘金路迎賓客之法也云上公九十步已下大

行人文彼據受享於廟非饗食禮也引之者欲見饗食迎賓與受享同司儀所云亦據受饗食之禮也

道僕至齊車　注朝夕朝々莫夕　釋曰朝々莫夕在正朝来往而言並者以其在宮中行事皆備並

掌貳車之政令　注貳亦副　釋曰上文戎僕倅車云副故此云貳亦副也

田僕至以鄙　注田路至縣鄙　釋曰云田路木路也者案巾車云木路建大麾以田故知田路即木路也云田田獵也者據四時田也云鄙循行縣鄙者謂在百里外六遂之中王巡六遂縣鄙則六鄉州黨巡之可知舉遠以明近也

掌佐車之政　注佐亦副　釋曰天子尊故戎車田車
之貳有别名諸侯卑戎車田車之貳同曰佐無倅名
是以檀弓云戰於乘丘公隊佐車授綏少儀注亦云
朝祀之副曰貳戎獵之副曰佐也　設驅逆之車
注驅々至出圍　釋曰案王制云大夫殺則止佐車
々々止則百姓田獵彼佐車則此驅逆之車也　令
獲者植旌　注以告至樹也　釋曰案山虞植旗屬
禽此官又云植旌比禽者彼此共其事故並見之
及獻比禽　注田弊至數之　釋曰大司馬春火弊
夏車弊秋羅弊冬徒弊々止也田止百姓所得禽大

獸公之小禽私之公之者獻䒭旌下每禽擇取三十其餘為主皮之射而取之故云比種物相從次數之也 凡田至夫馳 釋曰凡田亦謂四時田天子發抗大綏諸侯發抗小綏大夫下君不得云綏云大發止佐車其時有提馬晉馬之事云提遲於馭皆取尊者體從之義也 馭夫至使車 注貳車至之車 釋曰知貳車是象路之副者以道僕云掌貳車之政令故知之也知從車是戎路田路之副者見戎僕與田僕俱不言貳田與戎俱是職煩故知兼此二者也不掌玉路金路之副者二者事暇蓋車僕不共掌也

知使車是驅逆者以使役勞劇之事故知是驅逆之
車也　分公至治之　注乗調六種之馬　釋曰趣
馬自主駕馭故知此駕治者是調習之也　校人至之
政　注政謂至馬政　釋曰此經與下爲目下亦有
邦國及家而云王馬者以尊爲主鄭云政謂差擇養
乗之數也者經辯六馬是差擇也下云凡頒良而養
乗是養之乗也引月令者謂季秋之令彼注云馬政謂
齊其色度其力使同乗引此職凡軍事物馬而班之
皆是馬政故引爲證也　辨六至一物　注種謂至
之役　釋曰六者皆有毛物不同故皆以物言之也

此六者先善後惡次第而言也種馬上善似母者以
母為主也知種馬駑玉路已下差次如此者以其言
戎道田以事為名則知戎馬駑戎路道馬駑道車田
馬駑田路以此而言種馬最在上駑玉路可知駑馬
最在下五路之外給役可知　凡頒至駑夫　釋曰
言頒良馬對下別言駑馬養馬有多少不同故別言
良馬也言養乘之者已下皆四々為乘是因養而乘
習之　注良善至之也　釋曰云善馬五路之馬者
據上文而言之也春秋傳曰者昭七年楚芊尹無宇
執人於王宮言馬有圉牛有牧引之證養馬為圉也

云謂師趣馬馭夫僕夫帥之名也者皆以寡領衆故知并帥之名也云趣馬下士馭夫中士則僕夫上士也序官有趣馬下士皁一人徒四人馭夫中士二十人無僕夫士數之文以此文官尊者管卑者馭夫既中士明僕夫上士可知云自乘至廄其數二百一十六匹易乾為馬此應乾之策也者案易天一生水北方地二生火南方天三生木東方地四生金西方天五生土中央是謂陽無匹陰無耦又地六成水北方天七成火南方地八成木東方天九成金西方地十成土中央是謂陽有匹陰有耦龜取生數一二

三四五蓍取成數六七八九十若然東方南方生長之方故七為少陽八為少陰西方北方成熟之方故九為老陽六為老陰不取十者中央配四方故也是以易之六爻卦畫七八爻稱九六七八九六既配四方故九六皆以四乘之乾之六爻以四乘九四九三十六六爻故二百一十六是為乾之策也云校有左右則良馬一種者四百三十二匹者經云六廏成校據一廂言之王馬小備下云校有左右則十二廏為十二閑若據一廂一廄為二百一十六匹據兩廂倍之故四百三十二匹種別四百三十二匹五種計之

自然揔合二千一百六十匹又盖駑馬三良馬之數
三个四百三十二則得千二百九十六匹五良一駑
揔計自然凡三千四百五十六匹對前小備故云然
後王馬大備也詩云騋牝三千此備文公滅而復興
徙而能盛計諸侯止合六閑馬其三千是王馬之數
雖非礼制國人美之故鄭云王馬之大數言大數者
不言四百五十六故也言與者約同王馬之數故言
與以疑之也云駑馬自圉至馭夫凡馬千二十四匹
與三良之數不相應者依經八計之得此千二十四
匹其三良馬有千二百九十六匹故言不相當若作

六計得千二百九十六匹與三良馬數合故破從六
也案此經乘馬一師四圉三乘為皁々一趣馬三皁
為繫繫一馭夫案序官云趣馬下士皁一人徒四十
人即此以云皁一趣馬合自師至馭夫中士二十人
下士四十人并之六十正充此良馬之馭夫又不見
駑之馭夫者或脫也　天子至二種　注降殺至三
馬　釋曰天子十二閑六種義已在上云諸侯有齊
馬道馬田馬　大夫有田馬各一閑其駑馬皆分為三
馬者以駑馬三良之數上下同故為此解趙商問校
人職天子有十二閑六種為三千四百五十六匹邦

國六閑馬四種爲二千五百九十二匹家四閑馬二種千七百二十八匹爾案天子之卿采地食小都大夫食縣不當所由當能共此馬數故礼記家富不過百乘謂其多也司馬法論之甸方八里有戎馬四匹馬數一乘今大夫采地四甸一甸税又給王其餘三甸纔有馬十二匹今又就校人之職相校甚異何荅曰邦國六閑四種其數適當千二百九十六匹家有四閑二種又當八百六十四匹今子以何術計之乎此馬皆君之所制爲非謂民賦儀内百里之國者居四都五十里之國居四縣二十五里之國居四甸而

引天子卿食小都大夫食縣欲何以難又司馬法甸有戎馬四匹長轂一乗此為民出軍賦無與於天子國馬之數事條未理而多紛紜趙商云邦國二千五百九十二匹者謂三良四百三十二匹三良千二百九十六匹駑三其一種亦千二百九十六匹故合為二千五百九十二匹家四閑馬二種為千七百二十八匹謂良馬一種四百三十二匹駑馬一種三良馬一種亦千二百九十六匹并之千七百二十八匹正合於數鄭不從者天子十二閑分為左右一種馬分為兩廏故一種馬有四百三十二匹諸侯及大夫一

廂不分為左右則良馬唯有三廄三良居三廄其數
六百四十八匹駑馬亦三其一種其數亦六百四十
八匹并之千二百九十六匹家有二種一良一駑良
居一廄二百一十六匹駑三之為六百四十八匹并
之為八百六十四匹故鄭氏云子以何術計之凡
馬至之一　注欲其至一牡　釋曰云欲其乘之性
相似也者是使三牝各產其一通牡為四共駕一車
取同氣一心之義　春祭馬祖執駒　注馬祖至傷
之　釋曰馬與人異無先祖可尋而言祭祖者則天
駟也故取孝經說房為龍馬是馬之祖春時通淫求

馬蕃息故祭馬祖先鄭云二歲曰駒三歲曰駣爾雅
說文云玄謂春通淫之時駒弱血氣未定爲其乘匹
傷之者論語孔子云血氣未定戒之在色馬亦如此
故引之而言也案月令仲夏縶騰駒注云爲其牝氣
有餘相蹄齧彼牝氣有餘相蹄齧縶之不爲駒弱者
縶有二種此謂二歲者彼據馬之大者故不同也
夏祭至攻特　注先牧至騬之　釋曰知先牧是養
馬者以其言先牧是放牧者之先知是始養馬者祭
之者夏草茂求肥充云攻特者夏通淫後攻其特
爲其相蹄齧不可乘用故也　秋祭馬社臧僕　注

馬社至之僕　釋曰秋祭馬社者秋時馬肥盛可乘
用故祭始乘馬者秋而減僕者亦秋時万物成殺之
使善　冬祭至馭夫　注馬步至簡習　釋曰馬神
稱步謂若玄冥之步人鬼之步之類步與酺字異音
義同云獻馬見成馬於王也者以秋時万物成亦獻
成馬於王也云馭夫馭貳車從車使車者馭夫文也
云講猶簡習者亦謂秋時物成講之使成也　凡大
至頒之　注毛馬至乘之　釋曰此三者皆須馬從
王故知毛馬而頒之為齊其色者案毛詩傳云宗廟
齊豪尚純也戎事齊力尚強也田獵齊足尚疾也爾

雅亦云雖據宗廟至於田獵軍旅既尚疾尚力亦尚色也故下云凡軍事物馬而頒之是尚力也詩云四騵彭彭武王所乘又云四鐵孔阜秦襄公以田是齊色不專據宗廟○飾幣至從之　注鄭司農至馬後

釋曰先鄭云以馬當幣處者見經云飾幣馬今可飾幣非可飾之物又見下文凡國之使者共其幣馬注云使者所用私覿則知此直以馬遺人無幣且王家遺人無庭實故覿禮勞侯氏用璧無庭實也引聘礼者案聘礼此謂賓入境展幣時布幕訖皮則陳於幕上馬則於幕南北面奠幣於其前引之者證彼則

有幣有馬引士喪礼下篇者據將葬朝時陳設之事士
馬為擬乘車所駕故薦之纓三就者謂馬鞅三成飾
之入門北面者陳之於廟庭也言交轡者士兩馬二人
牽之引之者證馬有飾之事也　凡賓至幣馬　注
賓客至王者　釋曰言賓客來朝享王者大行人云
廟中將幣三享者是也使客來聘享王者玉人職琢
圭璋璧琮以覜聘者也　大喪至埋之　注言埋至
芻靈　釋曰言遣車則雜記注天子九乘苞大遣奠
牲體乘别大牢苞九个入壙藏之於椁内棺外者云
塗車之芻靈者案檀弓孔子云塗車芻靈自古有之

謂為俑者不仁俑謂偶人所作孔子善古而非周則古以泥塗為車芻靈謂以芻草為人馬神靈至周塗車仍存但刻木為人馬替古者芻靈今鄭云塗車之芻靈則是仍用芻靈與檀弓違者至周實用俑者但鄭舉古之芻靈況周耳非謂周家仍用芻靈也　因獵至之車　釋曰驅逆之車田僕設之但校人主車馬帥領田僕而已　凡將至黃駒　釋曰謂王行所過山川設祭禮之然後去則殺黃駒以祭之山川地神土色黃故用黃駒也　注四海至之禮　釋曰云四海猶四方也者王巡守唯至方岳不至四海夷狄

故以四海為四方云有殺駒以祈沈礼與者爾雅云祭山曰庪縣祭川曰浮沈今鄭云以祈沈者揔解過山川二事言與者爾雅據正祭此則行過之約與彼同故云與以疑之也引玉人職者案彼有大璋中璋邊璋過大山川用大璋過中山川中璋過小山川用邊璋下云黃金勺青金外朱中此三璋之勺也云黃金勺者即彼三璋之勺也云前馬之礼者以黃金勺酌酒礼山川在馬牲前之礼引之者證過山川設礼用馬牲之事也　凡国至幣馬　注使者所用私覿

釋曰言国之謂王使之下聘問諸侯王行礼後乃

更以此幣馬私與主君相見謂之私覿諸侯之臣與
君同行不得私覿若特聘則有之則聘禮私覿是也
若然上文飾幣馬是以馬遣人法非聘故無私覿前
賓客來朝聘不言私覿者諸侯之臣於天子不敢行
私覿故也　凡軍至頒之　注物馬齊其力　釋曰
上朝會言毛馬鄭云齊其色此軍事言物馬鄭云齊
其力物即是色而云齊力當與上文互以見義欲見
皆有力有色也　等馭夫之祿　釋曰掌養馬者有
趣馬馭夫僕夫三者皆須等其祿獨云馭夫故鄭云
舉中見上下宮中之稍食　注師圉府史以下　釋

自上云馭夫之等言六已上訖故知此是師圉府史以下中仍有胥徒之等也　趣馬至六節　注贊佐至六等　釋曰鄭云佐正者校人職僕講馭夫之時者以其校人是養馬官之長校人既有此諸事而云佐正明佐此二者可知云差擇王馬六等即上種戎齊道田駑是也　掌駕說之頒　注用馬之第次　釋曰凡用馬當均勞逸故駕說須依次第即頒是第次之序故知是用馬之第次也　辨四至馭夫　注居謂至之屬　釋曰云辨四時之居治者謂二月已前八月已後在廄二月已後八月已前在牧故云四

將也云牧庌者放牧之處皆有庌廡以蔭馬也以趣
馬下士屬馭夫中士故云聽馭夫知治是執駒攻特
者以是校人之事趣馬當佐之明是此二事也　巫
馬至校人　釋曰巫知馬祟醫知馬疾〻則以藥治
之祟則辯而祈之二者相須故巫助醫也云受財者
謂共祈具及藥直牧師至頒之　注頒馬至牧處
釋曰圉人掌養馬者故圉人職云掌養馬芻牧之事
言房禁者謂可牧馬之處亦使其地之民遮護禁止
不得使人輒牧牛馬也　孟春焚牧　注焚牧至新
草　釋曰孟春謂夏之孟春建寅之月草物將出之

謂焚燒牧地除陳草生新草也　中春通淫　注中
春至後動　釋曰案月令季春乃合累牛騰馬遊牝
於牧彼注云此月可以合牛馬繫在廄者其牝欲遊
則就牧而合之若然彼不繫在廄亦二月通淫則與
此經合矣今此注以為月令秦時書秦地寒涼万物
後動與彼注不同者鄭君兩解故彼此不同也　凡
田事贊焚萊　釋曰焚萊自是山澤之虞當二月焚
萊除陳生新之時則此官贊山澤之虞也　廋人至
圉馬　注九者至復驚　釋曰云掌十有二閑之政
者此文與下九者為目故鄭云九者皆有政教焉究

詩者證阜爲盛義也子春以佚爲逸後鄭從之增成
其義先鄭敬讀爲中敬大夫之敬取音同也謂騬馬
無令善驚後鄭亦增成其義後鄭云閑之先牧〻〻
制閑者以其通閑言之也若然上云夏祭先牧者直
是先養馬者非制閑之人　正校人員選　注校人
至乎之　釋曰知校人是師圉者凡言正者以尊正
卑自趣馬已上並上官非廋人所正故知所正者師
圉　馬八尺至爲馬　注大小至蒼龍　釋曰引爾
雅所釋詩騋牝三千但詩直言牝不言牡爾雅之意
以詩人美衛文公直牝有三千其實兼有牡故云騋

中所有牝則驪色牡則玄色兼有駒褭驂引之者證
騋是馬色先鄭引月令者謂春之三月天子聽朔及
祀帝皆駕蒼龍順時色引之以證龍是馬也　圉師
至翦闔　注薦馬至射處　釋曰圉師即校人云良
馬乘一師四圉者也云夏庌馬者即趣馬辨四時之
居是也云冬獻馬者即校人冬獻馬尊卑連事相成
者也春秋傳者左氏莊二十九年新延廄書不時延
廄當於馬時故云凡馬日中而出日中而入謂春分
秋分時令之孟春新延廄故云不時也云圉人所習
也者莝取椹斬莝則莒蓋之類也皆圉人所習之事

子春云椹質所射者習射處者案司弓矢云澤則共椹質之弓矢此云射則充椹質皆謂澤宮中試弓習武時所充也　圉人至圉師　注役者圉師使令焉　釋曰乘馬一師四圉四圉人受圉師之所使令焉　凡賓至入陳　注賓客至薦馬　釋曰雖同牽馬入陳賓客與喪紀所陳有異何者若據賓客則於館天子使人就館而陳之若喪紀則謂將葬朝廟時旣夕礼薦馬纓三就者是也天子朝廟亦當在祖廟中陳設明器之時亦遣人薦馬及纓入廟陳之此馬謂擬駕乘車吉器最先者也　廞馬亦如之　注廞馬

遣至入陳　釋曰此遣車之馬遣車則天子九乘載所苞遣奠以入壙皆人擡之云亦牽而入陳者亦於祖廟陳此明器也但遣車及馬各使人別擡故上注云行則解脫之是也

周禮疏卷第三十八

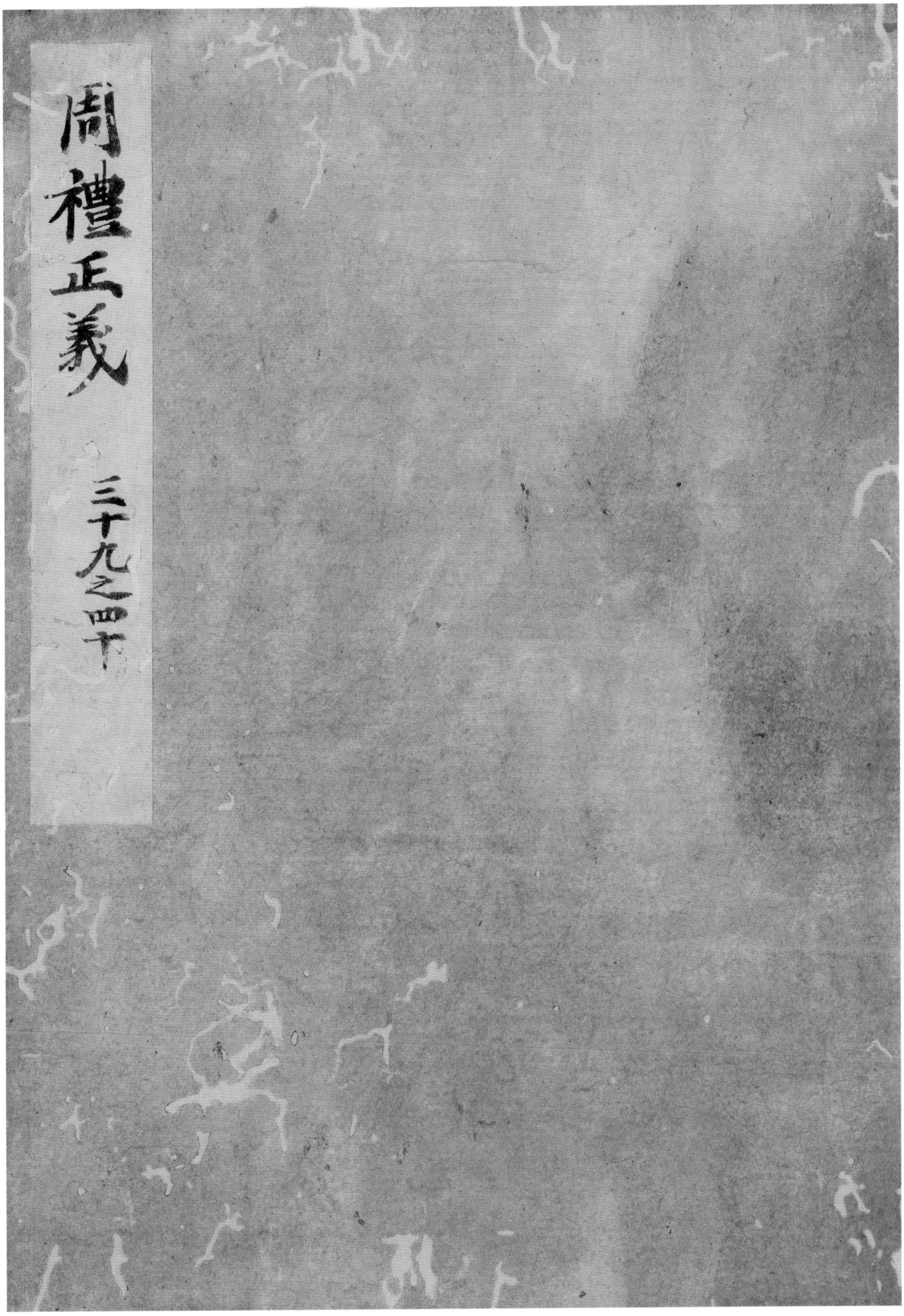
周禮正義
三十九之四十

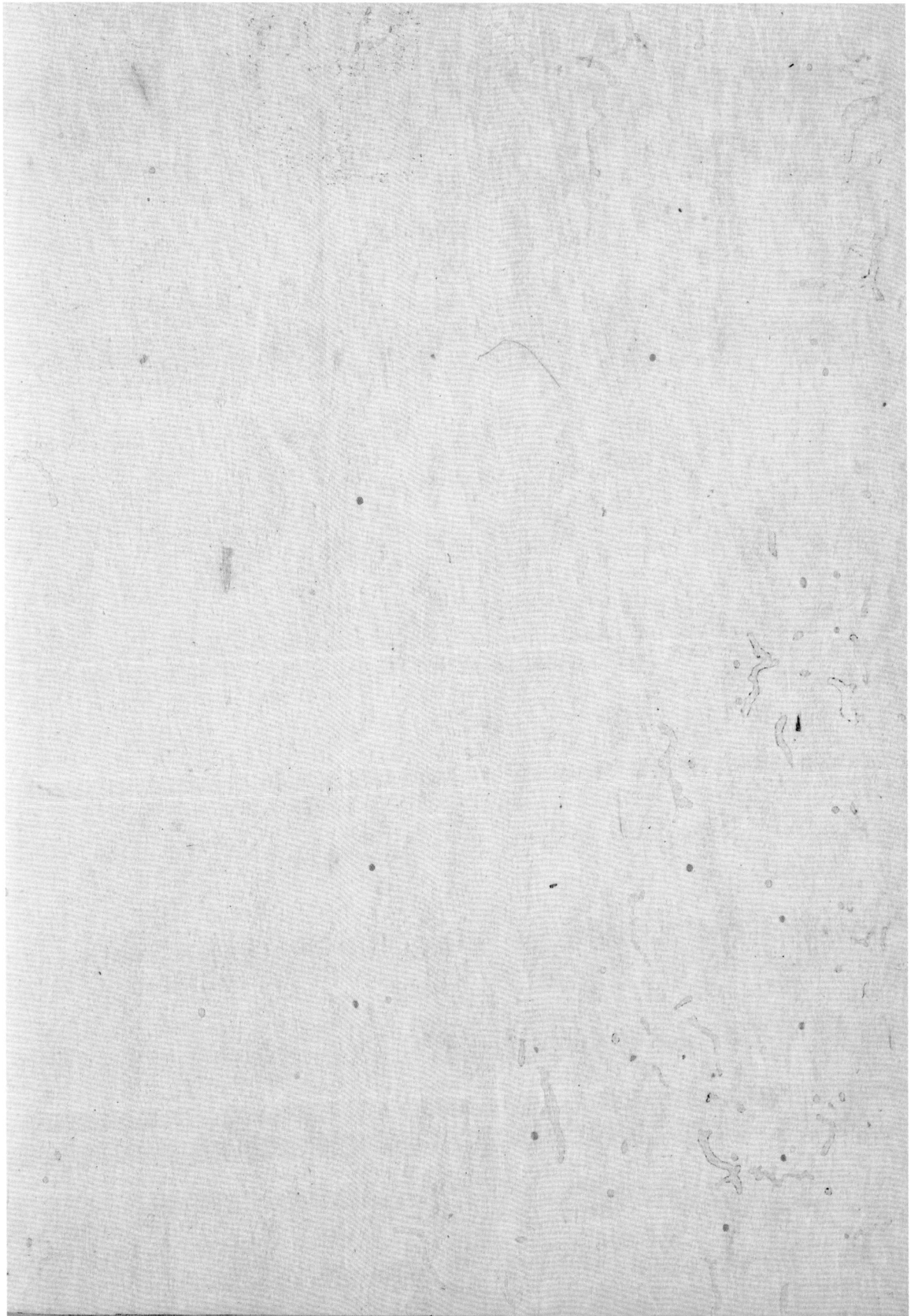

周禮䟽巻第三十九

唐朝散大夫行大學博士弘文館學士臣賈公彦等撰

職方至利害　釋曰此文與下為目云辨其邦國據畿外諸侯都鄙據畿内采地先邦國尊諸侯也云四夷者據四方之夷惣目諸方以九貉當東夷之處

注天下至四海　釋曰大司徒云掌建邦之土地之圖注云地之圖若今司空郡國輿地圖此注不言郡國者彼直掌九州不言夷狄九州之内有邦國故以郡國言之此職方兼主夷狄夷狄中漢時不置郡國惟置校尉掌之故此注亦不言郡國也先鄭云東方

曰夷者以經云四夷即爲東夷也然夷之數皆言九矣此獨言四不得即以爲始此不先言九夷者以其已有四夷之名爲目不可重言九夷故先從南數之也又云北方曰貉狄者先鄭既以四夷爲東方夷即以貉狄揔屬北方也玄謂閩蠻之别也國語曰閩芊蠻矣者案鄭語史伯曰蠻芊蠻矣注云謂上言叔熊避難於濮蠻隨其俗如蠻人也故曰蠻彼不作閩者彼蓋後人轉寫者誤鄭玄以閩爲正叔熊居濮如蠻後子孫分爲七種故謂之七閩也案經閩雖與蠻七八别數未其是一俱屬南方也云四八七九五六周

之所服國數也者鄭志趙商問職方氏掌四夷八蠻
七閩九貉五戎六狄之數注云周之所服國數礼記
明堂位曰周公六年制礼作樂朝諸侯於明堂有朝
位服事之國數夷九蠻八戎六狄五礼之事異未達
其數鄭荅職方氏四夷四方夷狄也九貉即九夷在
東方八蠻在南方閩其別也戎狄之數或六或五兩
文異爾雅雖有其數耳皆無別國之名校文甚明故
不定若然爾雅之數與明堂同皆數耳無別國之名
校其錯可知今五六者正是數耳其事鄭不甚明之
未知何者是故不定一礼兩礼俱從是以不著其錯

誤案詩序云蓼蕭澤及四海注云九夷八狄七戎六蠻謂之四海復與爾雅及礼皆不同者蓼蕭或後人轉寫者誤當以爾雅與礼為正也云財用泉穀貨賄也者財用為泉穀貨財既已備九賦者也云利金錫竹箭之屬者案下經其利有金錫竹箭之屬是也云害神姦鑄鼎所象百物也者宣三年楚子問鼎之輕重王孫滿對云夏之方有德遠方圖物貢金九牧鑄鼎象物百物而為之備使民知神姦是也引爾雅者見數與此不同之意也 乃辨至貢利 釋曰職方主九州之事故須分別九州之國貢事也使同其事

利不失其所也　東南至宜稱　釋曰自此已下陳九州之事摠為三道陳之先從南方起蓋取尊其陽方周改禹貢以徐梁二州合之於雍青分冀州地以為幽并東南曰揚州次正南曰荆州周之西南不置州統屬雍州耶次河南曰豫州為一道也次正東曰青州次河東曰兖州次正西曰雍州為二道又次東北曰幽州次河内曰冀州次正北曰并州為三道若禹貢治水則為二道又先從下起與此異也然既以徐梁二州合之於雍青其二道則以冀兖青徐為一道揚荆豫梁雍為二道云其山鎮曰會稽者九州皆

有鎮所以安地德一州之内其山川澤藪至多選取最大者而言故鄭云曰其大者也、注鎮名至爲前釋曰云會稽在山陰自此以下所説山川之等一則目驗而知二則依地理志而説又所曉處所學郡縣而言云會稽在山陰山陰郡名案夏本紀大史公或言禹會諸侯於江南計功而崩因葬焉命曰會稽會稽者會計也皇覽曰禹冢在山陰會稽山本苗山縣南七里越傳曰禹到越望苗山會諸侯爵有德封有功者更名苗山曰會稽山因疾死葬棺冢壙深七尺高三尺土階三寸三周方畝呂氏春秋云禹葬會稽不煩徒墨子曰禹葬會稽衣衾三領桐棺三寸地理志云山上有禹井禹傳云一有羣鳥耘田焉是説會稽之事也云大澤曰藪者案澤虞職大澤大藪注水鍾曰澤水希曰藪則澤藪别矣今此云大澤曰藪爲一物解之者但澤藪相因亦爲一物故云大澤曰藪也云具區五湖在吳南者吳南郡名依地理志南江自吳南震澤在西通而言之亦得在吳南具區即震澤一也云浸可以爲陂灌溉者謂灌溉稲田者也云箭篠也箭一名篠故禹貢云篠簜是一物二名也云鳥獸孔雀鸞鵁鶄者解鳥也云犀象者解獸也

驗時見有此鳥獸故據書禹貢云九江今在廬江尋陽南皆東合為大江揚州所以得有三江者江至尋陽南合為一東行至揚州入彭蠡復分為三道而入海故得有三江也　正南曰荊州　釋曰其川江漢者揚州云三江不言漢此荊州直言江不言三兼云漢者此州江未分為三故直云江此州有漢水過焉故江漢並言也上文揚州云其利金錫竹箭不云丹銀齒革案禹貢荊揚二州俱云貢金三品則二州通有金錫也其民一男二女多於揚州其畜穀與揚州同　注衡山至為淮　釋曰云雲夢在華容者

案禹貢荊州雲土夢作乂得為澤者案彼注云其中有平土丘水去可為作畎今之治則此據有水之處亦得為澤也云潁出陽城宜屬豫州在此非也者鄭據地理志故知合在豫州又昭元年左傳劉定公勞趙孟于潁亦在豫州故破之云湛未聞者據地理志無文未知何處也云齒象齒也者對則齒牙別通而言之牙亦得為齒故詩頌云元龜象齒是牙齒通也云革犀兕革也者以其利則可貢所貢之革堪用為甲故國人有犀兕春秋云犀兕尚多子春云湛讀當為人名湛之湛俗讀也湛或為淮不從也　河南至

五種注華山至麥稻　釋曰云熒兗水也者案禹貢濟出王屋始出兗東流為濟南渡河泆為熒春秋戰于熒澤是也云出東垣者地理志文也云波讀為播者案禹貢有播水無波故引禹貢為證也春秋者左氏莊四年傳文云林竹木也者地官山林別官故鄭注云竹木生平地曰林今許州見平地多林木故云林竹木也云六擾馬牛羊豕犬雞者此與爾雅六畜及周礼六牲一也必知五種是黍稷菽麥稻者此州東與青州相接青州有稻麥西與雍州相接雍州有黍稷故知有此四種但此九州不言麻與菽及苽鄭

及菽鄭必知取菽者蓋以當時目驗而知故添為五種也　正東至稻麥　注沂山至為咮　釋曰鄭知沂山沂水所出者沂水出沂山水乃東名於山故知沂水出焉云在蓋者蓋亦縣名案禹貢云海岱及淮惟徐州又云淮沂其乂注云淮沂二水名地理志沂水出今大山蓋縣不在青州者周公以禹貢徐州地為青故也云望諸明都也者案禹貢云道荷澤被明都彼禹貢無望諸故從明都案春秋宋藪澤有孟諸明都即宋之孟諸者也經有淮泗不言者以上來有江及此淮并下文河鄭皆不言所在者以四瀆之

名人皆知之故略而不言也案禹貢淮出桐栢泗水在魯國出濟陰乘氏東又至零陵入淮行千二百一十里沭出東莞屬瑯琊南至下邳入泗云二男二女數等似誤也者若本有此數等當言一男一女明不作二男二女青州西北與兗州相接宜與兗州同二男三女也　河東至四種　注岱山至稻麥　釋曰博與鉅野皆郡縣之名破盧維為雷雍地理志禹貢無盧維文字類雷雍故破從之引禹貢為證也知四種黍稷稻麥者以其東與青州相接青州有稻麥西與冀州相接冀州有黍稷故知也　正西至黍稷　注

嶽吴至為浦　釋曰雍州云其利玉石藍田見有玉
山出玉石以為利者也　其穀宜黍稷見雍州宜麥不
言者但黍稷麥並宜以黍稷為主　云嶽吴嶽也及弦
蒲在汧者案地理志吴山在汧西有弦蒲之藪汧水
出吾西北入渭々出鳥鼠山也　云汭在豳地詩大雅
公劉曰汭坈之即若然汭為水名案彼毛傳云芮水
厓也箋云芮之言内也水之内曰隩水之外曰鞫就
澗水之内外而居與此義違者案詩上云夾其皇澗
遡其過澗故以芮鞫為外内今為水名者蓋周公制
礼之時以汭為水名汭即皇澗名曰汭者猶禹貢大

岳至周爲霍山也　云洛出懷德者此洛即詩云瞻彼
洛矣一也與禹貢導洛自熊耳者别也以其彼洛出
上洛經王城至虎牢入河　東北至三種　注醫無
至爲美　釋曰云醫無閭在遼東者目驗知之漢光
武十三年以遼東屬青州二十四年還屬幽州　云貕
養在長廣者長廣縣名地理志長廣屬徐州瑯琊有
華山周時幽州南侵徐州之地也　知三種黍稷稻者
西與冀州相接冀州有黍稷幽州見宜稻故知三種
黍稷稻也　河内至黍稷　注霍山至歸德　釋曰
其利松柏霍山見有松栢出焉云霍山在彘者彘則

厲王流于彘後爲縣名漢改爲永安縣案禹貢既脩
大原至于岳陽覃懷底績至于衡漳注云岳陽大原
之南漳水横流入河地理志大原今爲郡名大岳在
河東縣東名霍大山覃懷爲縣名屬河内漳水出
上黨沾大黽谷東北至安平阜城入河行千六百八
十里娘是長子即上黨也汾陽歸德皆郡名　正北
至五種　注恒山至徐梁　釋曰上曲陽郡國城平
舒廣昌故安皆案地理志知之云五擾馬牛羊犬豕
者六擾中雞爲緌故玄之云五種黍稷菽麥稻也者
若饋用六穀則兼有苽若民之要用則去苽故知是

此五者周公設經六擾之內三擾已上則言擾二擾則指獸名若三四不滿六者從下次去之六穀之内三種已上即言種二者則指穀名云凡九州及山鎮澤藪言曰者以其非一日其大者耳者但一州之内山川多少各有其一而言曰故云曰其大者云此州界揚荆豫兗雍冀與禹貢畧同者不失本處雖得舊處猶有相侵入不得正故云畧同若周之兗州於禹貢侵青徐之地周之青州於禹貢侵豫州之地周之雍豫於禹貢兼梁州之地周之冀州於禹貢小於禹貢時冀州以其北有幽州并州故知也周之九州無

徐梁禹貢有徐梁無幽并爾雅云兩河間曰冀州河南曰豫州濟東曰徐州河西曰雍州漢南曰荊州江南曰楊州燕曰幽州濟河間曰兖州齊曰營州詩譜曰雍梁荊豫徐楊之民咸被其化數不同者禹貢所云堯舜法爾雅所云似夏法詩譜所云似殷法亦與禹貢三代不同是以州名有異自古已來皆有九州惟舜時暫置十二州至夏還為九州故春秋云夏之方有德也貢金九牧是也但自神農已上有大九州桂州迎州神州之等至黃帝以來德不及遠惟於神州之内分為九州故括地象云崑崙東南方五千里

名曰神州界也九州之内所有山川或有解出其處
者至如江河淮泗漢洛等不釋所出者此等皆禹貢
有成文如彼導洛自熊耳導渭自鳥鼠導河自積石
導江自岷山導淮自桐柏導漢自嶓冢爲此故不言
也至於禹貢雖言義理不明者此亦辯之若禹貢涇
屬渭汭彼直言涇水入渭不言導之所從如此之類
皆須釋其所出也　乃辨至藩服　釋曰此言九服
仍除王畿爲數故從其外已下爲九也此九服之名
言侯者侯之言候爲王斥候言甸者甸之言田爲王
治田出税言男者男之言任也爲王任其職理采者

事也為王事民以供上言衛者為王衛禦言蠻者近
夷狄蠻之言縻以政教縻來之自此已下皆夷狄諸
言夷者以其在夷狄中故以夷言之言鎮者以其入
夷狄深故須鎮守之言藩者以其最在外為藩蘺故
以藩為稱蠻服大司馬謂之要服言要亦是要束為
義自侯服已下各舉一邊為號皆互而通也其夷狄
三服亦自互而相通是以大行人揔謂之藩國世一
見也　注服服至于周　釋曰此揔解服之意引詩
云侯服于周者見諸侯皆服事于周之義故稱服也
凡邦至天下　釋曰言凡邦國者畿外要服已内

有八州々別置二百一十国揔有千六百八十国故云
凡也云千里封公以方五百里則四公者八州々別
有千里之方六取一千里以封公又取一千里以封
侯又取一千里以封伯又取一千里以封子又取一
千里以封男一州揔取千里之方充五等諸侯其不
滿二百一十國者更取餘一千里方作男国者備之
使滿餘剩地作附庸閒田八州皆然揔結之以周知
天下注以此至百里　釋曰云以此率者八州皆為
此法故云以此率也云徧知四海九州邦國多少之
數也者釋經周知天下也云方千里者爲方百里者

百以方三百里之積以九約之得十一有奇者云方千里開方之百里一截縱橫皆為十截十々而百則得為方百里者百云以方三百里之積以九約之者方三百里三々而九用為方百里者九十九為十一伯餘有方百里者一不盡故云十一有奇也今經云方三百里則七伯故言云七伯者字之誤也以十一似七字故云字之誤也云周九州之界方七千里者以先王之作土有三焉若大平之時土廣万里中國七千中平之世土廣七千中國五千衰末之世土廣五千中國三千王制云公侯方百里伯七十里子男

五十里此是夏制五等爵三等受地殷湯承之合伯
子男爲一惟有公侯伯三等爵三等受地與夏同武
王伐紂增以子男爵地與夏同以九州之界尚狹故
也至武王崩成王幼不能踐阼周公攝政六年致大
平制礼成武王之意斥大九州九州方七千里五等
之爵五等受地則此經所云者是也故云周九州之
界方七千里云七々四十九方千里者四十九其一
爲畿内其餘四十八々州各有方千里者六周公變
殷湯之制雖小國地皆方百里者若然殷三等爵三
等受地々有百里七十里五十里至周公無間有功

無功皆益滿百里以其不滿百里不成國故也既皆滿百里其餘待有功乃益之地公有功益滿五百里侯有功益滿四百里伯有功益滿三百里子有功益滿二百里男有功足得百里更有功乃更進之與子爵云是每事言則者設法也設法者以待有功而大其封者必知不即封而言設法以待有功者以其稱公者惟有二王後及東西大伯今八州皆言方千里封公則四公八州豈有三十二公乎明知五者皆是設法以待有功乃大其封也若無功縱本是公爵惟守百里地謂若虞公虢公舊是殷之公至周仍守百

里国以無功故也故注王制云是以周世有爵尊而国小爵卑而國大云一州之中以其千里封公則可四又以其千里封侯則可六又以其千里封伯則可十一又以其千里封子則可二十五又以其千里封男則可百鄭云此者欲計一州須滿二百一十国之意云公侯伯子男亦不是過也者五百里已下若過五百里則是特賜法若魯衛之等是也云州二百一十国者此據王制文彼下文云天子縣内九十三国凡九州千七百七十三國是通畿内外為數並是殷周國数也既以州有千里之方六已用五个千里方

為前五等國數以前公國已得四侯六伯十一子二十五男百總得一百四十六於二百一十國仍少六十四鄭云以男備其數必知以男備數者若不以男備數則餘千里者一充數不足何得更餘爲附庸若然則更取餘方一千里開方之得百里之方百於前侯國六用千里方仍有二百里方一開方之得四个男國於前伯國十一用千里方一又得一个男國得此五國添前一百四十六為一百五十一仍少五十九更取餘千里方一開方之得百里之方百取五十九為五十九國添前百五十一得二百一十國餘仍

殘百里之方四十一 鄭云其餘以為附庸者以附庸
不滿百里故也 王制兼閑田而言此直云為附庸文
略不具其實人作附庸即受之無附庸則為閑田使
大夫治之以利民稅若周之畿內四等公邑者也云
四海之封黜陟之功亦如之者鄭以上經九服揔言
此經惟言要服已内九州不言四海夷狄諸侯故鄭
兼見四海夷鎮蕃言黜陟之功亦如之者亦皆有百
里二百里地有功者進地得與侯伯三百四百同但
不進爵耳無功有過則退之云雖有大國爵稱子而
已者曲禮云其在東夷北狄西戎 南蠻雖大曰子鄭

注云雖有侯伯之地爵亦無過子是以同名曰子是
也　凡邦至相維　注大國至聮也　釋曰春秋之
世小國朝大國大國聘小國又有敵國自相聘是以
司儀公侯伯子男相為賔又相為國客故易比象云
先王以建万國親諸侯又王制云五國以為屬々有
長十國以為連々有帥三十國以為卒々有正二百
一十國以為州々有伯彼雖是殷之諸侯亦是各有
屬相維聮之事也故鄭據而言也　王設其牧　注
選諸至理之　釋曰此則大宰云建其牧是也案大
宗伯注并曲礼注皆兼伯而言此直言諸侯者以侯

爲主無賢侯乃兼伯可也　制其至所能　注牧監
至秩次　釋曰此則大宰云設官分職彼下文又云
施典於邦國而建其牧立其監設其參傳其伍陳其
殷置其輔也云月能所任秩次者稱其所任則以次
祿秩之制其至所有　注國之地物所有　釋曰諸
侯國無貢於王法民閒得稅大國半次國三之一小
國四之一皆市取當國所有以貢於王即大宰九貢
小行人云春入貢及禹貢厥篚厥貢之類是也故鄭
云國之地物所有也　王將至大刑　注乃猶至共具
釋曰職方氏既主四方諸侯故至十二年王將巡守

之時先以文書戒勑于四方曰各脩汝當國所守境
内待王之務無得失所又當考校汝所擬供王職事
若不敬戒國有大刑大刑謂殺之也及王至戒令
注先道至之令　釋曰此謂王將發行之時即在王
前巡行前日所施戒令豫備之等如前所施以不
王殷國亦如之　注殷猶至守同　釋曰王有故不
巡守於方岳之下則春東方盡來夏南方盡來秋西
方盡來冬北方盡來王待之亦各於其時在國外為
壇行朝覲盟載之法若然則王自在國外為之而云
亦如之者亦如上文戒令四方諸侯者王殷國所在

無常或在畿內國城外即爲之或向畿外諸侯之國
行之故有戒令之事也　土方氏至日景　注致日至
長短　釋曰案玉人職土圭尺有五寸以致日先鄭
注大司徒以爲於潁川陽城夏日至晝漏半立八尺
之表〻北得尺五寸景適與土圭等則爲地中以建
王國也冬至景丈三尺者亦於潁川陽城晝漏半立
八尺表〻北得丈三尺景亦爲地中云其間則日有
長短者謂冬至日極短夏至日極長其極長極短之
間冬至後日漸長夏至後日漸短假令冬至日南至
之後日漸北之時日行大分六小分四大分者一寸

為十分小分者十分寸之一分又為十分但日景一寸則於地千里大分一為百里小分一則為十里則冬至後日向南行六百四十里但冬至丈三尺景除本尺五寸外加丈一尺五寸從冬至至春分晝夜等之時則減五尺七寸半景從春分到夏至又減五尺七寸半景則減盡丈一尺五寸惟有尺五寸在以為夏至之景南載日下万五千里謂之地中故云其間則日有長短也　以土至都鄙　釋曰上經據建王國度地法此經據封畿外及畿内都鄙　注土地至居也　釋曰景一寸差千里一分則百里但封邦國

都無過五百里已下則取分無取於寸一分則百里
爲男國亦爲大都已上差之二分則二百里子國已
外可知若小都五十里則爲小分五分若大夫二十
五里則爲小分二分半言東西南北之深者景侵入
爲深地之遠近里數侵入亦爲深也言相宅者既欲
度景先相所居乃後度之　以辨至地者　釋曰既
爲土方氏非直度地相宅亦當相此所宜故須辨土
宜并土化之法而授任地者此謂以書作法授之
注土宜至之屬　釋曰九穀之文出於九職言土宜
明是土地所宜故以此解之云土化地之輕重者其種

所宜用也者謂若草人職掌糞種之法地有九種輕
重不同其所用糞種若用麋用牛之等是也云任地
者載師之屬者載師掌任地事下文廛里已下皆是
任地之事也　王巡至王舍　注為之藩羅　釋曰
謂若掌舍設梐枑之時々則此官亦為王於外周帀
樹藩羅懷方氏至以節　釋曰既職名懷方懷來也
故來遠方之民及致方貢之等　注遠方至璽節
釋曰知諭德延譽以來之者經直言來遠方不言别
有餘事故惟既諭以王之德美又延引以王之美譽
以招來之云遠物九州之外無貢法而至者此經上

云致方貢謂六服諸侯又云致遠物宜是蕃國是以大行人上云侯服世一見其貢祀物之等下文云藩國世一見各以貴寶為贄文與此相當故知義然也知達民以旌節達貢物以璽節者達民則行道路貢物即是貨賄故掌節云道路用旌節貨賄以璽節是也　治其至飲食　注續食其往來　釋曰案遺人云十里有廬〻有飲食三十里有宿〻有委五十里有市〻有積司儀云遂行如入之積是續食其往來也　合方氏　至道路　釋曰官名合方氏當使天下和合故通達天下道路　通其財利　注茂遷其

有無　釋曰案尚書益稷云懋遷有無化居禹治水後懋勉天下徙有之無易其居積若林木徙川澤魚鹽徙山林是通利同其數器　注權衡至輕重　釋曰施教設治之方先須均其度量權衡是以天子巡守及王者新升皆為此事故堯曰及舜典明堂位皆陳數器之等鄭知此數器是權衡者下別見度量故知義然　壹其度量　釋曰此云壹即上同也鄭云不得有大小者案律曆志以子穀秬黍中者九十黍黄鍾之長千二百黍其實一籥合籥為合十合為升十升為斗十斗為斛百黍為銖二十四銖為兩十六

兩為斤三十斤為鈞四鈞為石一黍為一分十分為
寸十寸為尺十尺為丈十丈為引是五度五量皆有
大小也　除其怨惡　注怨惡至侵虐　釋曰合方
氏欲使人和合故除其邦國相怨惡即相侵伐及相
虐殺之等也　同其好善　注所好至高尚　釋曰
案孝經樂以移風易俗既風俗別言則風俗異矣風
謂政教所施故曰上以風化下又云風以動之是也
俗謂民所承襲故曰君子行禮不求變俗是也風所
高解好俗所尚解善也　訓方氏至之志　釋曰訓
方氏訓四方美惡而向王言之以其政事及君臣上

下皆有善惡　誦四方之傳道　釋曰上所云政事及上下之志知則向王道未必誦之此文古昔之善道恒誦之在口王問則爲王誦之以其善道可傳故須誦之　正歲至田方　注布告至善惡　釋曰正歲謂夏之建寅正月則布告前所道所誦之事敕天下使知世所善惡也　而觀新物　注四時至正之　釋曰此訓方觀新物知民善惡之情謂若王制云命市納賈以知民之所好惡志淫好僻則當以政教化正之與此爲類故鄭引以釋經也　形方氏至之地　釋曰形方氏主知四方土地形埶故使掌作邦

國之地域大小形勢又當正其封疆勿使相侵　注
杜子春至離絶　釋曰王者地有低邪離絶遞相侵
入不正故今正之低者兩頭寛中狹邪者謂一頭寛
一頭狹云低哨之低者投壺礼主人云枉矢哨壺哨
是不正之義故讀從之　使小至小國　釋曰此亦
如上職方氏云大小相維義同　注言親諸侯使諸
侯相親遞相朝聘是也　山師至之物　釋曰此山
師及下川師原師等皆是遥掌畿外邦國之内山川
原隰之等使出税珍異以供王家也　注山林至蟲
獸　釋曰案禹貢青州云岱畎絲枲畎谷也岱山之

谷有之徐州云嶧陽孤桐孤特也嶧山之陽特生之桐中為琴瑟云害毒物及螫噬之蟲者謂蚖蛇蝮蝎之屬也岱畎嶧陽是其名絲枲孤桐是其物也　川師至之物　注川澤至萑蒲　釋曰徐州云泗濵浮磬淮夷蠙珠暨魚注云泗水涯水中見石可以為磬蠙珠珠名淮夷二水出蠙珠與美魚　邍師至之名　釋曰爾雅釋地高平曰原此雖以原為主除山林川澤四者餘丘陵墳衍原隰六者皆主之故云辨其丘陵已下也案鄭注大司徒云土之高者曰丘大阜曰陵水涯曰墳下平曰衍高平曰原下溼曰隰皆有

名　注地名至之屬　釋曰尚書禹貢有東原底平
大陸既作是地名也物之至邑者　注物之至立邑
釋曰案小司徒云四井爲邑據田中千室之邑據
城二者皆須其物色善惡然後封民　臣人至王命
釋曰臣正也所以正人故掌通達法則於天下邦
國而觀其慝使無慝惡使無敢反側也　注法則至
正直　釋曰云法則八法八則者案大宰云八法治
官府八則治都鄙謂王朝官府及畿内都鄙今云以
法則臣正邦國而觀其慝即據諸侯下都鄙外内雖
殊八法八則治官府都鄙即同故治官府都鄙亦用

焉云背違法度者則是違法則也書者洪範皇極之
章　撢人至語之　釋曰誦王志者在心爲志欲得
使天下順從若撢承王之此志又道國之政事用此
二事以巡國而語之使不迷惑而向王　使万至王
面　釋曰以上二事向諸侯説之使諸侯化民而万
民正向于王　都司馬至戒令　釋曰此王都司馬故
序官　注都王子弟所封及三公采地也司馬主其
軍賦故此云掌都之士庶子者宫伯注云士適子庶
子其支庶此都之士庶子亦然云及其衆庶車馬兵
甲之戒令者若王家有軍事徵兵于采地都鄙則都

司馬以書致於士庶子有此衆庶車馬兵甲之戒令士庶子受而依行之以國至政學　注政謂至學道　釋曰云政謂賦稅者正謂軍之賦稅無田稅泉稅之等知學是脩德學道此亦依国子而言故知亦是脩德學道也以聽国司馬　注聽者至皆是　釋曰都司馬所掌者受大司馬之法而戒令々使都之士庶子所有衛為皆承國之大司馬之法云大司馬之屬皆是者經國司馬不云大則小司馬軍司馬輿司馬皆得稟其戒令　家司馬亦如之　注大夫至畿矣　釋曰案序官云家司馬各使其臣以正於公司

馬。鄭云：家，卿大夫采地。正，猶聽也。公司馬，國司馬也。卿大夫之采地，王不特置司馬，各自使其家臣為司馬，主其地之軍賦，往聽政於王之司馬。其以王命來有事，則曰國司馬。若然，是卿之小都、大夫采地皆家自置司馬之明文。引春秋者，左氏昭二十五年叔孫氏之司馬鬷戾言於其衆曰：若之何？莫對。又曰：我家臣也，不敢知國。彼是諸侯卿家自置司馬，此王之卿大夫之家亦自置。引諸侯家法者，自置是同，故得引以況義也。

周礼疏卷第三十九

周禮疏卷第四十

唐朝散大夫行大學博士弘文館學士臣賈公彥等撰

秋官司寇　鄭目録云象秋所立之官寇害也秋者遒也如秋義殺害收聚斂藏於萬物也天子立司寇使掌邦刑刑者所以驅恥惡納人於善道也　惟王至民極　釋曰義已具在天官　乃立秋官至邦國

注禁所至罪施　釋曰云禁所以防姦者也者案士師五禁以左右刑罰主者恐民以姦入罪故先設禁示之防其姦惡若有不忌為姦然後以刑罪之云刑正人之法者刑期於無刑以殺止殺故云刑正人

之法也云孝經說曰者孝經援神契五刑章曰刑者侀也過出罪施者下侀為著也行刑者所以著人身體過誤者出之實罪者施刑是以尚書云眚災肆赦怙終賊刑引之者證司寇行刑當審慎也　刑官至二人　釋曰自此已下論設官分職之事云刑官之屬者此一句摠為刑官六十官為目故云之屬云大司寇卿一人六命小司寇中大夫二人四命士師者秋官之考雖下大夫四人亦四命鄉士其職云掌國中〻〻兼百里內六鄉以八人分主六鄉故謂之鄉士上士八人三命中士十有六人二命旅下士三十

有二人一命下士言旅々衆也小官理衆事也注
士察至之獄　釋曰訓士為察者義取察理獄訟是
以刑官多稱士先鄭引論語士師欲見士官理獄訟
之事案上代以來獄官之名有異是以月令乃命大
理瞻傷察瘡鄭注云有虞氏曰士夏曰大理周曰大
司寇天子諸侯同故魯有司寇晉魏絳亦云歸死於
司寇至於衰世國異政家殊俗官名隨意所造故僖
二十八年晉有士榮為大士　文十年楚子西云臣歸
死於司敗論語云陳司敗昭十四年士景伯如楚叔
魚攝理是後官號不同者也　府六人至二十人

釋曰在此者府治藏史〻作文書胥為十長徒給繇
役義已在天官疏自大司寇已下至胥徒皆是同官
別職故各有職而同府史也　遂士至二十人　注
遂士至獄者　釋曰在此者其職云掌四郊四郊有
六遂之獄故也鄉士主六鄉之獄遂士主六遂之獄
所以鄉士使上士官尊而人少遂士使中士官卑而
人多者六遂去王遠故官卑以六遂在遠郊外兼主
公邑地廣人衆故官多　縣士至十人　注距王至
獄者　釋曰在此者案其職云掌野謂掌三等公邑
之獄故鄭於縣士職注云二百里以外至三百里曰

野三百里以外至四百里曰縣四百里以外至五百
里曰都郊外曰野大揔言之故其職云掌野其六遂
之中公邑之獄遂士兼掌之矣既三處獄並掌而此
注云距王城三百里至四百里曰縣似不至三百里
中與五百里中獄者縣在四百里中故舉中以言其
實外内皆掌之耳　方士至六十人　注方士至獄
者　釋曰在此者案其職云掌都家鄭彼注云都王
子弟及公卿之采地家大夫之采地此三等采地之
獄采地在王城四方故云方士也是以鄭此注云方
士主四方都家之獄者也　訝士至八十人　注訝

迎至賓客　釋曰在此者案其職云掌四方之獄訟
非直迎賓客以獄訟爲主故亦以士言之也　朝士
至六十人　注朝士至之法　釋曰在此者案其職
云掌建邦外朝之法左九棘右九棘之事以朝主爲
詢衆庶獄疑獄故屬秋官但序官之法秋官雖爲刑
獄所施至於防禁之屬皆在秋官又於賓客是主人
所敬故鄉飲酒生賓於西北象天地嚴凝之氣始於
西南盛於西北是以賓客之事亦屬焉云朝士至外
朝之法者天子諸侯皆三朝内朝二路門外與路寢
庭是也外朝一此朝在臯門内庫門外是也　司民

至三十人　注司民至民數　釋曰在此者案其職
云掌登万民之數凡斷獄弊訟必須知民年幾老幼
是以司民雖非刑獄連類在此也　司刑至二十人
釋曰在此者案其職云掌五刑之法以麗万民之
罪故其職在此　司刺至四人　注刺殺至殺之
釋曰在此者案其職云掌三刺三宥三赦之法亦是
刑獄之類故在此　司約至四人　釋曰在此者案
其職云掌邦国及万民之約劑亦是禁戒之事故在
此　司盟至四人　注盟以至曰盟　釋曰在此者
案其職云掌盟載之法亦是禁戒之事故在此　職

金至十人　釋曰在此者案其職云掌凡金玉之戒令又云掌受金罰貨罰亦是刑獄之事故在此　司厲至二人　注犯政至奴者　釋曰在此者案其職云掌盜賊之任器又云其奴男子入于罪隸亦是刑獄之事故在此也云犯政爲惡曰厲者厲是惡鬼殺厲之事故以造惡爲厲也云厲士主盜賊之兵器者其職文也　犬人至六人　釋曰在此者案其職云凡祭祀共犬牲犬是金畜故五行傳云二曰言言之不從則有犬禍故連類在此犬有兩義案說卦艮爲狗艮卦在丑艮爲止以能吠守止人則屬艮以能言則

屬冤々為言故也　司圜至十人　釋曰在此者案其職云掌圜土之刑人亦刑獄之事故在此　注鄭司農至罷民　釋曰先鄭所引皆當其義故後鄭從之但獄城圜者東方主規々主仁恩凡斷獄以仁恩求出之故圜也　掌囚至十人　注囚拘至之者　釋曰在此者案其職云掌守盜賊凡囚者刑獄之事故在此也　掌戮至二人　注戮猶至辱之　釋曰在此者案其職云掌斬殺賊而搏之刑罪之事故在此　司隸至百人　釋曰在此者案其職云掌五隸之法五隸皆是罪人故在此　注隸給至近郡　釋曰

以隷是罪人為奴僕故知給勞辱之役也又引漢始
置司隷云者以漢時司隷官與周同故舉以為況也
罪隷百有二十人　釋曰此中国之隷言罪隷古
者身有大罪身既從戮男女緣坐男子入於罪隷女
子入於舂稾故注云盜賊之家為奴者也蠻隷已下
皆百二十人者鄭云凡隷衆矣此其選以為役員者
謂隷中選取善者以為役之員數為限其餘衆者以
為隷民故司隷職云帥其民而搏盜賊役国中之辱
事之等是百二十人外謂之民者也　布憲至四十
人　注憲表至禁者　釋曰在此者案其職云掌憲

邦之刑禁故在此也知憲不為法而為表憲者又案其職云正月之吉執旌節以宣布于四方而憲邦之刑禁明憲為表懸示人使知者也　禁殺戮至二人　釋曰在此者案其職云掌司斬殺戮者以告而誅之是禁民相殺戮之事故在此也　禁暴氏至六十人　釋曰此亦謂禁民不得相陵暴在此者案其職云掌禁庶民之亂暴力正者亦是防禁之事故在此也　野廬氏至十人　注廬寄至所舍　釋曰在此者案其職云掌達國道路又云掌凡道禁亦是禁戒之事故在此也知廬是寄客行道所舍者見遺人云

十里有廬三十里有宿故知之也　蜡氏　注蜡骨至之狙　釋曰在此者案其職云掌除骴又云凡國之大祭祀禁刑者凶服者亦是禁戒之事故在此引月令掩骼埋骴者案彼注骨枯曰骼肉腐曰骴掩亦埋但骼骴不同故別言也言骼骴者凡人物皆是云蜡讀如狙司之狙者俗有狙司之言故讀從音也若然月令所云是春時令不在春官者彼月令為春時陽不欲隱之事故在春此取禁戒之事故在秋也

雍氏至八人　注雍謂至者也　釋曰在此者案其職云掌溝瀆澮池之禁亦是禁戒之事故在此也

萍氏至入人　釋曰在此者案其職云掌國之水禁
亦是禁戒之事故在此也　注鄭司農沈溺　釋曰
先鄭讀萍為蛢取音同云或為萍號起雨之萍者亦
天問之文萍亦浮萍之草也玄謂今天問者離騷有
天問篇天不可問故以天問為名此就足先鄭音義
同引爾雅苹萍其大者蘋者此以義相曉也云讀如
小子言平之平者俗讀取音同皆取萍水草無根而
浮不沈禁人使不沈溺如萍也　司寤氏至八人
注寤覺至覺者　釋曰在此者案其職云御晨行者
禁宵行者夜遊者是禁戒之事故在此也言寤覺也

爟

主夜覺者凡人之寐卧恒在寢得禁之者人有夜寐忽覺而漫出門者故謂之爲夜覺也　司烜氏至二人　注烜火至爲烜　釋曰在此者案其職云掌取明火又以木鑽脩火禁亦是禁戒之事故在此也云讀如衛侯燬之燬者春秋左氏衛侯燬滅邢詩云王室如燬燬亦火之别名也　條狼氏至十人　釋曰在此者案其職云掌執鞭以趨辟凡誓僕及誓馭之等是禁戒之事故在此也　注杜子春至道上　釋曰云滌器之滌者讀從特牲少牢滌祭器等之滌也云狼扈道上者謂不蠲之物在道猶今言狼籍也

脩閭氏至二人　注脩閭氏至二人
注閭謂里門　釋曰在此者案其職云掌比國中宿
互欜者亦是禁戒之事故在此也云閭謂里門者爾
雅云巷門謂之閭故知是二十五家之里門也　冥
氏至八人　釋曰在此者案其職云掌設弧張爲阱
擭以攻猛獸是冥然使之不覺亦是禁守之事故在
此　注鄭司農至之名　釋曰云冥氏春秋者冥氏
作春秋書名若晏子呂氏春秋之類取其音讀也後
鄭云冥其方之冥亦取音同云以繩縻取禽獸之名者
解冥是冥然使不覺之意也　庶氏至四人　注庶

讀至從聲　釋曰在此者案其職云掌除毒蠱是除惡之事故在此也云庶讀如藥煑之煑者俗讀意取以藥煑去病去毒蠱亦如是云書不作蠱者字從聲者除蠱者庶是去之意故爲庶不爲蠱也是其取聲

穴氏至四人　注穴搏至藏者　釋曰在此者案其職云掌攻蟄獸是除猛惡之事故在此也云穴搏蟄獸所藏者凡獸蟄皆藏在穴中故以穴爲官名使取蟄獸也

翨氏至八人　注翨鳥至之翅　釋曰在此者案其職云掌攻猛鳥亦是除惡之義故在此云翨鳥翮也者羽本曰翮凡鳥有羽翼者皆有翮故云

翨鳥翮也凡翨翅皆作翅不作翨是故破從之也　柞
氏至十人　釋曰在此者案其職云掌攻草木亦是
除惡之義故在此　注柞除至之名　釋曰知柞是
除木之名者見詩云載芟載柞芟是除草明柞是除
木也云除木者必先刊剝之者見其職云夏日至令
刊陽木而火之冬日至令剝陰木而水之是先刊剝
之先鄭讀柞為音聲唶々之唶者讀從春秋行庵唶
々之唶又為屋笮之笮者俗讀皆從音同也　薙氏
至十人　釋曰在此者案其職云掌殺草亦是除惡
之義故在此也　注書薙至水之　釋曰先鄭從古

書薙為夷故引古今而為證也春秋者左氏傳隱六
年夏五月鄭伯侵陳往歲鄭伯請成於陳陳侯不許
五父諫曰親仁善鄰國之寶也又云周任有言曰為
國家者見惡如農夫之務去草芟夷蘊崇之注云芟
刈夷殺蘊積崇聚玄謂薙讀如鬀小兒頭之鬀者俗
讀也云字從類耳者人髮之鬀從髮薙草還草下為
之故云類也月令者仲夏令引之者欲見薙草須燒
之又須水之意也　硩蔟氏至二人　釋曰在此者
案其職云掌覆夭鳥之巢是除惡之類故在此　注
鄭司農至折聲　釋曰先鄭讀硩為擿後鄭不從者

先鄭意以爲杖擿破之故從擿後鄭意以石物等投
擲爲義故不從先鄭文讀蔟爲爵蔟之蔟者爵蔟是
雀巢後鄭從之 玄謂硩古字從石折聲者以石投擲
毀之故古字從石以折爲聲是上聲下形字也 翦
氏至二人 注翦斷至翦商 釋曰在此者案其職
云掌除蠹物故鄭云翦斷滅之言也 主除蟲蠹者故
在此引詩者證翦是翦除 赤犮氏 注赤犮至埋、
者 釋曰在此者案其職云掌除牆屋注除蟲豸藏
逃其中者爾雅釋蟲云有足曰蟲無足曰豸亦是除、
惡之義故在此言赤犮猶言捇拔者捇拔除去之也

蟈氏至二人　釋曰在此者案其職云掌去鼃黽亦是除惡之義故在此也　注鄭司農至狐與　釋曰先鄭以蟈爲蜮又以蜮爲蝦蟇後鄭不從鼃黽蝦蟇屬是其類也云書或爲掌去蝦蟇者於義可也玄謂蟈今御所食蛙也者蛙蟈爲一物云字從虫國聲也者國與蟈爲聲所謂左形右聲者也云蜮乃短狐與者案莊公十八年秋有蜮服云短狐南方盛暑所生其狀如鼈古無今有含沙射入人皮肉中其瘡如疥徧身中濩々蜮蜮故曰災礼臣惑君則有案五行志劉向以爲蜮生南越由齊姜淫惑莊公故生於

黽　壺涿氏　釋曰在此者案其職云掌除水蟲亦
是除惡之類故在此也　注壺謂至爲濁　釋曰壺
乃盛酒之器非可涿之物故知是瓦鼓必知是瓦者
雖無正文考工記有陶人瓬人造瓦器毆水蟲非六
鼓故知瓦鼓也先鄭雖讀涿爲濁聲錞字誤故爲濁
猶從涿爲義故後鄭引之在下濁其源大玄經文也
庭氏　注庭氏至者也　釋曰在此者案其職云
掌射國中夭鳥亦是除惡之類故在此也　銜枚氏
注銜枚至於項　釋曰在此者案其職云大祭祀令
禁無囂亦是禁戒之事故在此也云狀如箸橫銜之

為之纏結於項者纏謂以組為之繫著兩頭於項後
結之　伊耆氏　釋曰在此者案其職云掌共杖老
者所依秋是長老之方故在此　注伊耆至耆氏
釋曰案明堂位云土鼓蕢桴葦籥伊耆氏之樂也鄭
注亦云伊耆氏古天子有天下之號云始為蜡以息
老物者郊特牲文引之者取息老物證伊耆供杖於
老者之事故也云此主王者之齒杖後王識伊耆氏
之舊德而以名官與者言後王識伊耆氏之舊德則
周家以前為後王至周又因之故不指周而云後王
也　大行人至行夫　釋曰此四官在此者皆主賓

先嚴凝之事故也　亦謂刑獄同官故四官各有職司
而共府史胥徒也　注行夫至之礼　釋曰大行人
小行人司儀皆掌賓客之禮不見注解至行夫獨注
之以官獨多於餘官以主國使之礼至於美惡無礼
皆使之故官多於餘官也　環人至十人　注環猶
至守衛　釋曰在此者案其職云賓客舍則授館令
聚欜亦是禁守之事故在此也　主國賓客之任器為
之守衛者其職文也　象胥至十人　注通夷至方
也　釋曰在此者案其職云掌四夷之國使以傳賓
主之語故亦連類在此也云此類之本名東方已下

皆王制文云寄者賓至不相解語故寄中国語於東夷又寄東夷語於中国使相領解云象者傳南方於國中還象中國以傳之與南方人語則還象南方語而傳之云狄鞮者鄭彼注云鞮之言知也雖不訓狄狄即敵也謂言語相敵使之知也云北方曰譯者譯即易謂換易言語使相解也云揔名曰象者四方別稱經唯有一象故云揔名曰象云周之德先致南方也者即詩序所云文王之德被於江漢是也又書序云巢伯來朝注巢伯殷之諸侯聞武王克商慕義而來朝此皆致南方故象得揔名也　掌客至十人

注訝迎至之訝　釋曰在此者案其職云掌迎賓客
故連類在此先鄭云跛者訝跛者之訝此公羊傳文
時晉使郤克聘齊郤克跛齊使跛者往御々亦訝也
故讀從之也　掌交至二人　注掌交至之好　釋
曰在此者案其職云掌九禁之難有禁戒之事故在
此也　掌察至掌貨賄　釋曰在此者蓋督察邦國
之事及掌邦國所致貨賄但二官闕不可強言也
朝大夫至十人　釋曰在此者案其職云掌都家之
國治因有邦國賓客在秋都家之治亦在此　注此
非至夫云　釋曰此云每國上士二人是王朝之士

以其主采地之國治事實則名之曰朝大夫云畿内三等采地々雖有百里五十里二十五里惣謂之国若王制云九十三國也云庶子者蓋亦主采地之諸子今在府史之下蓋官長所自辟除也　都則　注都則至馬云　釋曰此官已闕鄭知主八則者大宰云八則治都鄙此經云都則故知則八則也　都士家士亦知之　注都家至每都　釋曰在此有此官雖闕義理可言以其稱士則知主獄故鄭云都家之士主治都家吏民之獄訟以告方士者也必知王家不置都士而云都家之士者以其都司馬使王臣爲

之家司馬家自置司馬以司馬主軍事重々王置都司馬此刑事輕於軍故都家主皆不置都士但已有方士主其獄故使都家之士以獄告也　大司寇至四方　釋曰大司寇云佐王刑邦國詰四方不言刑王國詰畿内者王官不嫌不刑詰在内故舉外以見内也大宰云以六典治邦國今此更言建三典者彼六典自是六官之典此三典自是刑之三典與彼別故司寇別施之　注典法至四方　釋曰典法也案大宰注云典法則所用異々其名也故云典法也引書者呂刑篇文呂侯訓夏贖刑王耄荒度作詳刑以

誥四方謂周穆王年老耄亂荒忽猶能用賢量度詳
審之刑以誥謹四方引之者證誥為謹義也　一曰
至輕典　注新國至於赦　釋曰云新國者新辟地
立君之國者謂若世衰夷狄內侵國君誅滅聖人後
作開辟國百里既攘夷狄國空無主民不獨治須立
君化之則是新辟地立君之國者也趙商問族師職
曰四閭為族八閭為聯使之相保相受刑賞慶賞相
及在康誥曰父不慈子不孝兄不友弟不恭不相及
也族師之職鄰比相坐康誥之云門內尚寬不知書
礼是錯未達指趣荅曰族師之職周公新制礼使民

相拱勑之法康誥之時周法未定天下又新誅三監
務在尚寛以安天下先後量時各有云爲乃謂是錯
也若然言周公之時未定天下即是新國更云新誅
三監假令周法先定新誅之国亦是新国故此云新
辟地立君也　二曰至中典　注平國至之法　釋
曰云平國承平守成之国也者謂先君受封後君承
前平安守持成立之國民已被化則用常行之法以
治之　三曰至重典　注亂國至誅之　釋曰云亂
國簒弑叛逆之國者謂若州吁簒國崔杼弑君臧紇
叛魯此皆逆亂之国如此之国民起惡心故於常法

之外為惡者則當伐滅之也以五刑糾万民 注刑亦至異之 釋曰此五刑與尋常正五刑墨劓之等别刑亦法也此五法者或一刑之中而含五或此五刑全不入五刑者云糾猶察異之者謂万民犯五刑察取與之罪使别異善惡則尚書畢命云旌别淑慝表厥宅里是也 一曰至糾力 注功農功力勤力 釋曰以其言野則國外若鄉大夫云野自六尺之類既言在野為功故知功是農功力勤力也 二曰至糾守 注守命將至部伍 釋曰以其在軍揔外之事將軍裁之故知命是將命也軍行必有部分卒伍

故云不失鄙伍也　三曰至糾孝　注德六至為孝
釋曰謂在鄉中之刑大司徒云以鄉三物教万民
一曰六德知仁聖義忠和既言在鄉故知德是六德
教民者非教國子三德咎繇九德者也善父母為孝
爾雅釋訓文　四曰至糾職　注能々至脩理　釋
曰知能是能其事職々事脩理者以其言官々中見
能見職明知義然　五曰至糾暴　注愿慤至誤也
釋曰知為恭不作暴者以其上四刑皆糾察其善
不糾其惡以類言之故知是恭々又似暴字故云字
之誤也　以圜至罷民　注圜土至於罷　釋曰此

民下説罷民云教之者正謂夜入圜土晝則役之司空困苦則歸善鄭云困苦以教之爲善云民不愍作勞有似於罷者罷能爲困極罷弊此圜土被囚而役是不愍强作勞之民有似罷弊之民也　凡害至恥之

注害人至其背　釋曰云害人謂爲邪惡已有過失麗於法者案司救職云凡民之有衺惡者三讓而罰三罰而士加明刑恥諸嘉石役諸司空即此下文者是也此謂語言無忌侮慢長老過淺直生之嘉石不入圜土者也彼下文又云其有過失者三讓而罰三罰而歸于圜土此謂抽拔兵劒誤以傷人罪重不

坐嘉石經入圜土晝日亦役之司空夜入圜土者也
此罷民本無故心直是過誤比入五刑者爲輕比坐
嘉石者爲輕故云已麗於法麗於法乃入圜土者
也　其能至三年　釋曰云能改正謂在圜土不出
自思已過是能改也　注反于至乎民　釋曰言反
于中國者虞書有五宅三居彼不在中國此則反還
於故鄉里也　引司圜職已下見舍之遠近此所舍鄉
則玉藻所謂垂緌五寸惰游之士也是也　其不至
者殺　釋曰云不能改正謂不能自思己過而出圜
土也　以兩至聽之　釋曰此并下二經論禁民獄

訟不使虛誣之事言禁者謂先令入束矢不實則沒
入官若不入則是自服不直是禁民省事之法也
注訟謂至个與　釋曰云訟謂以貨財相告者以對
下文獄是相告以罪名也此相對之法若散文則通
是以衛侯與元咺訟是罪名亦曰訟云古者一弓百
矢者尚書文侯之命平王賜晉文侯及僖二十八年
襄王賜晉文公皆云彤弓一彤矢百故知一弓百矢
云束矢其百个與者彼是所賜此乃入官約同之故
云與以疑之泮水詩云束矢其搜毛云五十矢曰束
彼鄭從之者彼或據在弓矢數與受賜者異故從毛

傳

也　以兩至聽之　釋曰此一經聽爭罪之事與上
聽訟有異此則各遣持劑之書契又入金不入矢三
日乃致于朝者㕔謂以獄事重於訟事故鄭之重刑
也　注獄謂至曰鈞　釋曰云獄謂相告以罪名者
對前相告以財貨為訟也云劑今券書也者小宰云
聽賣買以質劑貨人云大市以質小市以劑鄭小宰
注云簿書之最目獄訟之要辭㕔曰契則劑謂券書
者謂獄訟之要辭若王叔氏不能舉其契是也三十
斤曰鈞律曆志文　以嘉石平罷民　注嘉石至使
善也　釋曰此嘉石肺石在朝士職朝士屬大司寇故

見之耳云嘉石文石也者以其言嘉〻善也有文乃
稱嘉故知文石也欲使罷民思其文理以改悔自脩
樹之外朝門左朝士文也　凡万至舍之　釋曰云
未麗於法祇謂入圜土爲法此坐嘉石之罷民未入
圜土差輕故也云害於州里者謂語言無忌侮慢長
老云桎梏而坐諸嘉石者謂坐時坐日滿役諸司空
則無桎梏也此已下輕重有五節皆就語言侮慢之
中斟酌爲輕重分五等也云使州里任之者仍恐習
前爲非而不改故使州長里宰保任乃舍之以稍輕
入鄉即得與鄉人齒亦無垂緌五寸之事也鄭云〻不

在足曰桎在手曰梏知者無正文見掌囚云上罪梏
拲而桎拲謂兩手共一木梏與拲連言故知梏在手
桎在足也廣雅云手間之梏械足間之桎械亦是手
桎在足也廣雅云手間之梏械足間之桎械亦是手
曰梏足曰桎易志泠剛問大畜六四童牛之梏元吉
注巽爲木互體震〻爲牛之足〻在艮體之中艮爲
手持木以就足是施梏又蒙初六注云木在足曰桎
在手曰梏今大畜六四施梏于足不審桎梏手足定
有别否荅曰牛無手故以足言之　以肺石達窮民
注肺石至告者　釋曰云肺石赤石也者陰陽療

疾法肺屬南方火々色赤肺赤赤故知名肺石是赤石也必使之坐赤石者使之赤心不妄告也云窮民天民之窮而告者王制文彼上文云少而無父者謂之孤老而無子者謂之獨老而無妻者謂之鰥老而無夫者謂之寡此四者天民之窮而無告者也皆有常餼凡遠至其長　釋曰言遠近者無有遠近畿外畿内之民皆有惸獨老幼之等云欲有復於上而其長弗達者謂長官不肯通達冒知其貧困者故須復報於上如此之類是上窮民即來立於石也　注無兄至大夫　釋曰鄭知惸是無兄弟者王制已有孤

獨鰥寡不見惸則惸是無兄弟可知也是以尚書洪範亦云無虐惸獨而畏高明孔云惸單無兄弟也無子曰獨云無子孫曰獨者案王制唯云老而無子曰獨今兼云孫者無子有孫不爲獨故兼云無孫也鄭不釋經老幼者老則無夫無妻幼則無父可知故不釋也知上是王與六卿者六卿並知国政皆得受冤怨故兼六卿言之云長謂諸侯若鄉遂大夫者冤訴之人天下皆是故長亦兼天下故以畿外諸侯及畿内鄉遂大夫皆得爲長也若然不言三等采地之主及三公邑大夫者在長中可知故舉外内以包之也

正月至斂之　釋曰正月之吉者謂建子之月正月一日也言始和者大宰注凡治有故言始和者若改造云爾其實不改也云在刑于邦國都鄙者正月和即以此月布于天下云乃縣刑象之法于象魏者謂建寅正歲邦國及都鄙并王家雉門皆一時縣之斂之者天子斂藏於明堂諸侯斂藏於祖廟日月受而行之謂之聽朔　注正月至重之　釋曰鄭云天下即邦國都鄙也云正歲又縣其書重之知正歲乃縣者亦約小司寇知之也　凡邦至天府　釋曰云凡邦之大盟約者謂王與諸侯因大會同而與盟所

有約誓之辭、云淮其盟書而登于天府者既臨其盟
書因即登此盟書于天府　注淮臨至之藏　釋曰
云天府祖廟之藏者天府職文　大史至藏之、釋
曰大史内史司會掌事皆與六卿同故皆有副貳盟
辭而藏之擬相勘當也　凡諸至定之　注邦典至
之治　釋曰云邦典六典也者案大宰職以典待邦
國之治故邦國有獄訟之事來詣王府還以邦典定
之　凡卿至斷之　注邦法至之治ゝ　釋曰案大宰
云以八法治官府是以卿大夫有獄訟還以邦之八
法斷之若然大宰有八則治都鄙此不言都鄙有獄

訟以八則斷之者鄉鄙有獄訟都家之士告于方士治之故此不言也　凡庶至弊之　注邦成至邢侯

釋曰大宰云以官成待万民之治是以庶民有獄訟還以邦成弊之弊亦斷也異其文耳云邦成八成也者則小宰云一曰聽征役以比居二曰聽師田以簡稽已下是也先鄭云邦成謂若今時決事比也有此八者皆是舊法成事品式若今律其有斷事皆依舊事斷之其無條取比類以決之故云決事比也春秋傳者春秋左氏傳晉邢侯與雍子爭鄐田邢侯不勝乃弊獄邢侯引之者證弊為斷義同也　大祭祀奉

犬牲　釋曰犬屬西方金犬既當方之畜故司寇奉進犬牲也　若禋至百族　釋曰禋之言煙〻祀五帝謂迎氣於四郊及揔享五帝於明堂也云戒之日者謂前十日卜之日卜吉即戒之使敬者云涖誓百官者謂餘官誓百官之時大司寇則臨之云戒於百族者大司寇親自戒之其百官所戒者當大宰為之是以大宰云祀五帝前期十日帥執事而卜日遂戒故知大宰戒百官也若然大宰云祀五帝則掌百官之誓戒大宰雖云掌百官誓戒〻則親為之誓則掌之而不親誓何者此司寇卑於大宰此云涖誓百官

豈司寇得臨大宰乎故知大宰掌之餘小官誓之司寇臨之也　注戒之至姓也　釋曰鄭知百族府史以下者以其王之百姓亦同大宰戒之故知百族府史胥徒也引郊特牲者欲見百族非王之親是府史以下也云獻命庫門之內戒百官也者王自澤宮而還入皐門至庫門之內大宰獻命〻即戒百官又於庫門內而東入廟門〻〻之內戒百姓彼注云百姓王之親也以親故入廟乃戒之　及納亨如之　釋曰鄭云納亨致牲者謂將祭之辰祭之日謂旦明也此二者大司寇為王引道故云亦如之　奉其明水

大　注明水至月者　釋曰司烜氏以陽燧取火於日中以陰鑑取水於月中明者絜也主人明絜水火乃成可得是明水火所取於日月者也奉此水以配鬱鬯與五齊火以給爨亨也　凡朝至如之　釋曰朝覲不言大則四時朝也會同謂時見曰會殷見曰同此者皆司寇在王前爲導也其大喪亦如之亦導王也　注大喪至嗣王　釋曰知嗣王者以經云大喪是王喪復云前王明是嗣王也言或有大喪或是先后及王世子皆是大喪若先后及世子大喪則王爲正主也既言前王明以先后世子爲正故

云或嗣王也凡大喪之禮有三大宰云大喪贊贈玉
含玉大司馬云大喪平士大夫此圭謂王喪大宗伯
云朝覲會同則為上相大喪亦如之注云王后世子
及此大喪亦如之二者容有先后及后世子又宰夫
云大喪小喪掌小官之戒令注云大喪王后世子也
小喪夫人以下丝則大喪與小喪相連則不容有王
喪　大軍至于社　注社謂至于社　釋曰鄭知社
謂社主在軍者也者以其大軍旅非在国故先鄭引
書為證彼書謂甘誓啓與有扈戰于甘之野誓士衆
辭社是陰殺亦陰賞是陽祖是遷主亦陽故各於其

祈必於祖社主前者尊祖嚴社之義也　凡邦至屬
蹕　注屬士至行也　釋曰云凡邦之大事者言凡
語廣則國有大事王動行皆使其屬蹕鄭知其屬是
士師以下者見士師職云諸侯為賓則帥其屬而蹕
于王宮注云諸侯來朝若饗食時士師云帥其屬則
士師以下上士中士下士皆蹕知者以此注云士師
以下故也

周禮疏卷第四十